码头油气回收系统关键技术

邱春霞 高 洁 耿 红 等 编著

人民交通出版社股份有限公司
北 京

内 容 提 要

本书共七章，在梳理分析国内外码头油气回收法规、建设和设备技术现状的基础上，提出我国码头油气回收系统的关键技术，并对带紧急脱离装置输气臂设备技术、船岸界面安全装置设备技术、码头油气回收处理单元工艺技术、码头油气回收控制系统技术，以及码头油气回收建设规模和总图布置等方面进行了较为详细的介绍。

本书可供从事码头油气回收相关工作的人员使用，也可供大专院校教师教学参考。

图书在版编目(CIP)数据

码头油气回收系统关键技术 / 邱春霞等编著. —北京：人民交通出版社股份有限公司, 2021.8

ISBN 978-7-114-16612-9

Ⅰ.①码… Ⅱ.①邱… Ⅲ.①油码头—油气—回收 Ⅳ.①U656.1

中国版本图书馆 CIP 数据核字(2020)第 101259 号

书　　名：码头油气回收系统关键技术
著 作 者：邱春霞　高　洁　耿　红　等
责任编辑：潘艳霞　闫吉维
责任校对：席少楠
责任印刷：张　凯
出版发行：人民交通出版社股份有限公司
地　　址：(100011)北京市朝阳区安定门外外馆斜街 3 号
网　　址：http://www.ccpcl.com.cn
销售电话：(010)59757973
总 经 销：人民交通出版社股份有限公司发行部
经　　销：各地新华书店
印　　刷：北京交通印务有限公司
开　　本：720 × 960　1/16
印　　张：7.25
字　　数：122 千
版　　次：2021 年 8 月　第 1 版
印　　次：2021 年 8 月　第 1 次印刷
书　　号：ISBN 978-7-114-16612-9
定　　价：50.00 元
(有印刷、装订质量问题的图书由本公司负责调换)

前言

Foreword

近年来,国家日益重视大气污染防治。2013年,国务院发布《大气污染防治行动计划》,提出"在原油成品油码头积极开展油气回收治理"的要求,码头油气回收得到国家和相关行业的高度重视。

码头油气回收在欧美等发达国家开展了约30年,在技术与政策方面相对成熟,并取得良好的环境、经济效益。2007年,我国于举办北京奥运会前制定并发布了《储油库大气污染物排放标准》(GB 20950—2007)等油气排放的相关标准,引进并自主研发油气回收设备技术,在北京等城市的储油库、加油站率先进行应用,而在码头开展油气回收则相对较晚, 2010年前后,部分油码头在环境保护相关法规的要求下,陆续开展油气回收设施的建设。经过近10年的发展,国内码头油气回收的设备技术取得了一定的进步。

据不完全统计,国内已开展码头油气(或化学品挥发气体)回收工作的码头约40个,主要位于舟山、大连、天津、青岛、南京、厦门、广州、东莞、上海、泉州等各大港口。鉴于多种原因,码头油汽回收设施目前使用率不高,该领域仍有较多政策、管理与技术等方面的问题需要解决,但在国家大力开展环境保护的背景下,码头油气回收有望扩大推广实施的范围。

鉴于此,笔者在调研国外码头油气回收情况、国内相关科研及试点应用等工作开展的基础上,从码头油气回收系统建设的关键技术,包括输气臂设备技术、船岸界面安全装置设备技术、码头油气回收处理单元工艺技术、码头油气回收控制系统技术，以及码头油气回收建设规模和总图布置等方面介绍码头油气回收系统的关键技术，以期为进行码头油气回收科研、建设及管理等工作的相关人员提供基础的技术参考资料，共同推动码头油气回收这项节能减排工作的科学有序开展。

全书的写作分工如下：邱春霞主笔撰写了第1~6章，王轩雅参与撰写了第1、2、6章；王为周参与撰写了第3、4章；魏红彤主笔撰写了第7章，邱春霞、何正榜参与撰写了第7章。本书的主要研究成果依托作者承担的交通运输部、交通运输部科学研究院等重点科技类项目，项目研究成果由作者及其他人员共同完成的，其他人员包括余扬天、李向阳、丁少鹏、李国斌、刘国强、孙罡、王德荣、邵帅等，在此一并表示感谢。

由于作者水平有限，本书难免存在不妥之处，敬请广大读者批评指正。

作　者

2020年5月

目 录

Contents

第1章　国内外码头油气回收建设和管理现状

1.1　国外码头油气回收法规和管理

部分发达国家码头油气回收工作已经实施约30年，各项法律法规相对完备，包括排放标准、安全规范等。

国际海事组织（International Maritime Organization，IMO）在1997年9月批准的《73/78防污公约》中增加了油气在内的防止船舶造成大气污染的规则，并于2005年5月19日生效。国际海事组织（IMO）MSC/Circ.585号通函《关于油气排放控制系统标准》也要求对油品码头实施油气回收。国际上，欧洲、美国、日本等国家和地区对各种化工品、油品码头都有严格的环保法规，例如美国EPA《Clean Air Act》VOC（Volatile Organic Compounds）排放标准和欧盟《Directive 94/63/EC》VOC排放标准，国外法规目前的发展方向趋于严格。美国、欧洲、日本等港口和船东已全面推广油船装卸过程中的油气回收技术。

以美国为例，美国部分州政府从1998年开始要求进入其港口装货的油轮使用油气回收系统，并陆续在各装船港口配备油气回收系统。美国联邦法典第四十六卷还对油轮货油舱的油气回收要求作了详细规定。目前美国海岸港口已禁止没有油气收集系统的油轮停靠。美国联邦法规对装船油气排放要求相对宽松，排放标准为50g/m^3，但各个州的法规要求严格一些。

关于码头油气回收标准，美国各地方法规各有不同，见表1.1。

美国码头油气回收地方法规比较　　表1.1

项　目	洛杉矶湾区	路易斯安那	新泽西	特拉华	伊利诺伊
法规名称	RULE44	RULE2018	NJAC7;26-16	—	—
主管部门	BAAQMD	LA DEQ	NJ DEP	—	—

续上表

项　　目	洛杉矶湾区	路易斯安那	新泽西	特拉华	伊利诺伊
汽油排放	5.7mg/L 或 95% 去除率	70mg/L（码头） 30mg/L（船舶）	95% 去除率	回收:95% 去除率;氧化: 98% 去除率	95% 去除率
原油排放	5.7mg/L 或 95% 去除率	30mg/L(码头) 12mg/L(船舶)	—	—	—
其他 VOC 排放	5.7mg/L 或 95% 去除率	30mg/L（码头） 12mg/L（船舶）	—	—	—

欧盟的环保法规从整体看比美国要更加严格,欧盟法规对汽油装船的排放标准是 $35g/m^3$,见表 1.2。

欧盟及部分成员国码头油气回收汽油排放标准比较　　　表 1.2

项　　目	欧盟	法国	德国、荷兰、瑞士
汽油排放	35mg/L	10mg/L	0.15mg/L

码头油气回收装置主要安装在库区或泊位。因其处理的是液态石油产品的挥发气,气体属于易燃易爆介质,因此在油气回收设备的加工制造过程中所遵循的设备、电气等标准均参照国际通用的石油化工行业常用标准实施。例如管道、容器类设备通常使用美国机械工程师协会(American Society of Mechanical Engineers,ASME)标准。机泵部分则根据具体实施项目的业主要求执行美国石油学会(American Petroleum Institute,API)标准、国际标准化组织(International Organization for Standardizition,ISO)标准或 ASME 标准。电气、仪表则根据具体实施项目的业主要则执行国际电工技术委员会(International Electrotechnical Commission,IEC)标准、美国国家防火协会(National Fire Protection Association,NFPA)标准或 API 标准。

1.2 国外码头油气回收系统建设及技术设备市场现状

欧美码头油气回收开展较早,经历了近 30 年的发展历程,部分国家已经建成的码头全部完成了码头油气处理装置的建设。除新建码头外,欧美基本已经没有新的市场需求,目前已经进入已建设备的更新换代期。国外专业实施油气回收的公司相对较少,油气回收成为一些大型能源或环保公司的一个较小的产品线,市场已经接近饱和。目前,国外码头油气回收市场中主流的技术工艺是活性炭吸附吸收工艺,建设规模从几百立方米处理量到几万立方米不等。目前,投入运行的最大的油气回收系统是建设在中东的具有 40000m^3/h 处理能力的系统。

国外码头油气处理技术成熟,案例广泛,采用的技术主要分为两类:回收类和去除类。回收类技术以活性炭吸附吸收为主,在北美、欧洲、中东等地区大量使用,应用领域包括成品油、原油、化工品装船油气的回收。此外,在德国的部分码头,膜吸收的处理工艺有少量应用。冷凝工艺在国外部分特殊化工品回收领域有应用。去除类技术主要以内置火炬为主,只在美国有一定范围的应用。其使用具有一定的历史原因;此外,能源价格较低,天然气管网发达也是其能够使用的原因之一。该技术目前正逐渐被活性炭吸附技术所取代。

活性炭变压吸附应用于油气回收领域在 20 世纪 80 年代的美国出现,最早使用的是 MCGILL 公司,后期庄辛公司、乔丹公司、SYMEX 公司等环保公司陆续使用。活性炭吸附吸收工艺除个别大型项目外,均使用干式真空泵以降低能耗水平。除日本采用活性炭硅胶混合作为吸附剂外,其他国家均使用活性炭作为吸附剂,处理介质包括成品油、原油、部分化工品等。

1.3　国内码头油气回收法规标准

我国码头油气回收的排放标准《储油库大气污染物排放标准》(GB 20950—2007)中,提出“由储油罐组成并通过管道、船只或油罐车等方式收发油气的场所”“储油库应采用底部装油方式,装油时产生的油气应进行密闭收集和回收处理”,同时对汽油油气回收设施的 VOCs 排放限值提出要求,油气排放浓度小于或等于 25g/m^3,油气处理效率大于或等于 95%。目前,生态环境部正在组织修订该标准,有望扩大回收的油品种类等。

针对化工品的排放,2015 年前只有《大气污染物综合排放标准》(GB 16297—1997)可供参考。2015 年颁布的《石油炼制工业污染物排放标准》(GB 31570—2015)对大气污染物排放限值见表 1.3,《石油化学工业污染物排放标准》(GB 31571—2015)对大气污染物特别排放限值见表 1.4。

大气污染物排放限值(单位:mg/m³)　　表 1.3

序号	污染物项目	工艺加热炉	催化裂化催化剂再生烟气(1)	重整催化剂再生烟气	酸性气回收装置	氧化沥青装置	废水处理有机废气收集处理装置	有机废气排放口(2)	污染物排放监控位置
1	颗粒物	20	50	—	—	—	—	—	车间或生产设施排气筒
2	镍及其化合物	—	0.5	—	—	—	—	—	
3	二氧化硫	100	100	—	400	—	—	—	
4	氮氧化物	150 180(3)	200	—	—	—	—	—	
5	硫酸雾	—	—	—	30(4)	—	—	—	
6	氯化氢	—	—	30	—	—	—	—	
7	沥青烟	—	—	—	—	20	—	—	
8	苯并(a)芘	—	—	—	—	0.0003	—	—	
9	苯	—	—	—	—	—	4	—	
10	甲苯	—	—	—	—	—	15	—	
11	二甲苯	—	—	—	—	—	20	—	
12	非甲烷总烃	—	—	60	—	—	120	去除效率≥95%	

注:(1)催化裂化余热锅炉吹灰时再生烟气污染物浓度最大值不应超过表中限值的2倍,且每次持续时间不应大于1h。

(2)有机废气中若含有颗粒物、二氧化硫或氮氧化物,执行工艺加热炉相应污染物控制要求。

(3)炉膛温度≥850℃的工艺加热炉执行该限值。

(4)酸性气体回收装置生产硫酸时执行该限值。

大气污染物特别排放限值(单位:mg/m³)　　表 1.4

序号	污染物项目	工艺加热炉	催化裂化催化剂再生烟气(1)	重整催化剂再生烟气	酸性气回收装置	氧化沥青装置	废水处理有机废气收集处理装置	有机废气排放口(2)	污染物排放监控位置
1	颗粒物	20	30	—	—	—	—	—	车间或生产设施排气筒
2	镍及其化合物	—	0.3	—	—	—	—	—	

续上表

序号	污染物项目	工艺加热炉	催化裂化催化剂再生烟气(1)	重整催化剂再生烟气	酸性气回收装置	氧化沥青装置	废水处理有机废气收集处理装置	有机废气排放口(2)	污染物排放监控位置
3	二氧化硫	50	50	—	100	—	—	—	车间或生产设施排气筒
4	氮氧化物	100	100	—	—	—	—	—	
5	硫酸雾	—	—	—	5(3)	—	—	—	
6	氯化氢	—	—	10	—	—	—	—	
7	沥青烟	—	—	—	—	10	—	—	
8	苯并(a)芘	—	—	—	—	0.0003	—	—	
9	苯	—	—	—	—	—	4	—	
10	甲苯	—	—	—	—	—	15	—	
11	二甲苯	—	—	—	—	—	20	—	
12	非甲烷总烃	—	—	30	—	—	120	去除效率≥97%	

注:(1)催化裂化余热锅炉吹灰时再生烟气污染物浓度最大值不应超过表中限值的2倍,且每次持续时间不应大于1h。

(2)有机废气中若含有颗粒物、二氧化硫或氮氧化物,执行工艺加热炉相应污染物控制要求。

(3)酸性气体回收装置生产硫酸时执行该限值。

此外,部分地区因总量减排要求或地方性要求需要执行毫克级排放标准,如天津市地方标准《工业企业挥发性有机物排放控制标准》(DB 12/524—2014)对现有企业排气筒污染物排放限值见表1.5。

现有企业排气筒污染物排放限值　　表1.5

行业	工艺设施	污染物	最高允许排放浓度(mg/m^3)	最高允许排放速率(kg/h)				
				15m	20m	30m	40m	50m
石油炼制与石油化学	原料准备单元、化学反应单元、产品分离/精制单元、物料回收单元等生产工艺单元	苯	10	0.35	0.5	1.2	1.8	2.0
		甲苯	32	1.2	1.6	5.0	8.0	12.0
		二甲苯	50	0.7	1.1	4.0	5.0	10.0
		VOCs	100	3.6	4.5	15.0	25.0	40.0

续上表

行业	工艺设施	污染物	最高允许排放浓度(mg/m³)	最高允许排放速率(kg/h)				
				15m	20m	30m	40m	50m
医药制造	化学反应、生物发酵、分离精制、溶剂回收、制剂加工等使用和产生VOCs的工艺	VOCs	80	2.5	4.0	14.0	22.0	38.0
橡胶制品制造	轮胎企业及其他制品企业炼胶、硫化工艺	VOCs	10	1.0	2.0	7.0	12.0	20.0
	轮胎企业及其他制品企业胶浆制备、浸浆、胶浆喷涂和涂胶工艺	甲苯与二甲苯合计	15	1.0	2.0	7.0	12.0	20.0
		VOCs	100	2.5	4.0	14.0	22.0	38.0

注:1. 对于实际蒸气压大于2800Pa的有机液体,其装载设施应配备蒸气收集系统,并密闭排气至污染控制设备或蒸气平衡系统。

2. 采用密闭排气至污染控制设备,污染物排放应符合排气筒污染物排放限值要求。

《储油库大气污染物排放标准》(GB 20950—2007)、《石油炼制工业污染物排放标准》(GB 31570—2015)、《石油化学工业污染物排放标准》(GB 31571—2015)和天津市地方标准执行的排放限值要求见表1.6。

码头油气回收环保标准执行汇总　　表1.6

标准	GB 20950	GB 31570	GB 31571	天津市地方标准
排放要求	25g/m³ 和95%去除率	去除率:普通地区95%,特殊地区97%	去除率:普通地区95%,特殊地区97%,化工品执行特征污染物排放要求	80mg/m³ 或100mg/m³

交通运输部于2017年发布了《码头油气回收设施建设技术规范(试行)》(JTS 196-12—2017),该规范规定了船舶装载原油和汽油、石脑油、航空煤油、溶剂油、芳烃或类似性质石油化工品时货舱挥发油气在码头回收处理的要求,适用于新建、改建、扩建码头工程的油气回收处理系统的设计、施工、检验、验收和运行管理。规范共分7章,主要包括设计、施工、设施检验和验收、设施维护和管理等技术内容。由于我国码头油气回收设施的建设起步较晚。该规范研究编制期间,国内尚无成熟案例,运行经验也很少,因此该规范作为试行标准发布。该规范虽然为试行的推荐性标准,但仍然在行业内提高了我国码头油气回收处理系统的建设和运行的规范性。

1.4　国内码头油气回收系统建设及技术设备市场现状

在码头油气回收设施建设等方面，交通运输部于2016年开展第一批码头油气回收试点工程，目前该工程已投入试运营。我国已开展码头油气（或化学品挥发气体）回收工作的码头约40个，主要位于舟山、大连、天津、青岛、南京、厦门、广州、东莞、上海、泉州等各大港口。但已安装的码头油气回收设施在用率较低，大部分设施由于存在到港船舶不配套、设施设备技术安全性有待论证等问题影响，尚未投入使用。

为了解国内码头已安装的油气回收设备现状，笔者对已知安装油气回收的约17个码头开展了包含油气回收设施建设基本情况、设备工艺情况、安全控制情况等方面的相关调研，具体情况如下：

1）建设情况

涉及的17个已安装油气回收设施设备的码头中，新建码头工程含油气回收项目的有7个，占总数的41.18%；码头油气回收改造工程8个，占总数的47.06%；未知的有2个，占总数的11.76%。目前有2个码头的油气回收设施已正常使用，且已经运营5年以上；试运营（或即将试运营）的码头设施4个；有11个码头设施未投入正式运营。

调研涉及的码头油气回收工程中，有11个码头存在多泊位共用1套油气回收设备的情况，其中5个码头为2个泊位共用1套油气回收设备，3个码头为3个泊位共用一套油气回收设备，1码头为4个泊位共用2套油气回收设备，另有2个码头分别为5个泊位及10个泊位共用1套油气回收设备。还有4个码头均为1个泊位对应1套油气回收设备。其余2个码头的泊位情况不详。

2）工程验收情况

17个码头的油气回收设施设备当中，通过消防验收的码头有9个，完成设施设备安全验收的码头有9个，完成环保验收的码头有5个，通过工程验收的码头有5个。已正常运行或者试运行的设施设备，其多数都完成了消防、安全验收以及上级单位验收，少数完成环保验收，均未进行海事验收审查。

3）码头油气回收设备工艺情况

已安装油气回收设施的码头，共计18台（套）油气回收处理设备，其中15台（套）的供应商为国内厂家，3台（套）来自国外。18台油气回收设备的规格为

300 ~ 800m³/h 的 8 台,均为国产设备;1000 ~ 1700m³/h 的设备 4 台,3 台为国产设备,1 台为进口;2500 ~ 3000m³/h 的设备 3 台,2 台为国产,1 台为进口;5000m³/h 的设备 1 台,为国产设备;未知 2 台。油气回收设备回收介质为原油的 1 台,单纯回收成品油的 5 台,单纯回收化工品的 3 台,回收成品油 + 化工品的 8 台,1 台回收介质不详。回收成品油 + 化工品的 8 台设备中,4 台共用同一套油气回收设备的情况,3 台不同时共用,1 台情况未知。已建的码头用油气回收设备中,工艺为吸附 + 吸收工艺设备 8 台,冷凝 + 吸附工艺设备 5 台,膜加吸附工艺等复合工艺 2 台,碳吸附设备 1 台,未知 1 台。回收再利用方式分为按照污油处理、回收提炼、商品销售、焚烧利用热值以及直接回到储蓄罐等,具体数量见图 1.1。

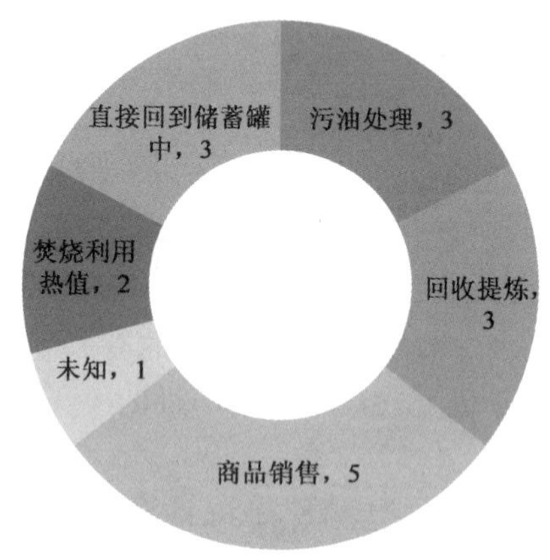

图 1.1　码头油气回收设备油品回收再利用方式数量分布图(单位:个)

码头油气回收设备的工艺类型分为吸附、冷凝 + 吸附、吸附 + 膜分离等,各类工艺的数量分布图见图 1.2。

另外,交通运输部在 2016 年实施“中化兴中原油装船油气回收试点项目”。该试点项目在 2017 年底建设完成并投入试运营。该试点项目为老码头改造项目,试点工程选择由中化兴中石油转运(舟山)有限公司在舟山岙山 1 号、2 号码头安装的油气回收系统,对其进行原油装船时蒸发的油气做回收处理,油气回收系统处理规模为 5000m³/h。

试点建设内容包括原油装船油气接收、油气管道输送、油气脱硫和吸附、油气压缩储存、油气锅炉燃烧等工序,以及船岸对接安全设备和总体安全控制系统组成的整套码头油气回收装置。回收吸附提纯后的油气用作燃料生产蒸气,供库区及码头其他装置使用。试点内容包括含硫原油码头油气回收工艺、燃烧再利用码头油气回收节能减排方式、码头改造建设与试运营管理、安全管理与验收等。试点工程建成运行后，经过油气回收系统处理，最终排放的非甲烷总烃浓度小于 10g/(N·m^3)，油气回收率高于 95%，项目总投资约 9000 万元。

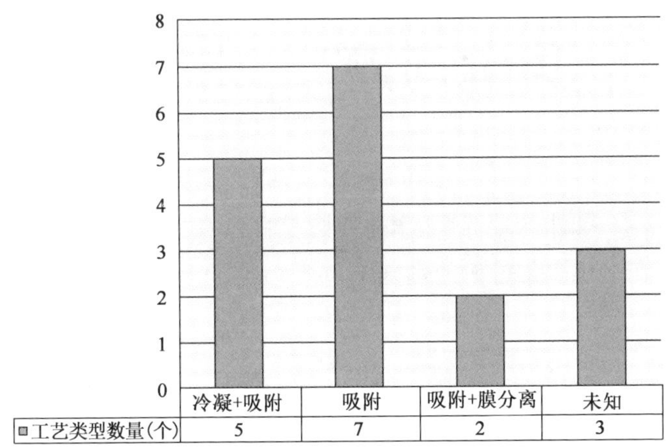

图 1.2　码头用油气回收设备工艺类型及数量

第2章　我国码头油气回收系统技术关键问题

在进行码头油气回收系统建设时,需要综合考虑多方面因素,包括回收油品的介质成分特点、装船数据分析、油气回收量计算、平面布置现状及码头管理体制影响等,并在上述因素分析的基础上,对码头油气回收系统设施及设备单元进行设计。

2.1　码头油气回收概念、原理与工艺流程概况

码头在进行液态石油产品装载过程中,随着产品装载的进行,油品挥发出的碳氢化合物被排出仓外。油气回收装置的目的是将排放的含有VOC的气体进行回收处理。目前我国的主流回收工艺包括:活性炭吸附吸收、冷凝吸附、膜吸收工艺等。码头油气回收设备工作原理图如图2.1所示。

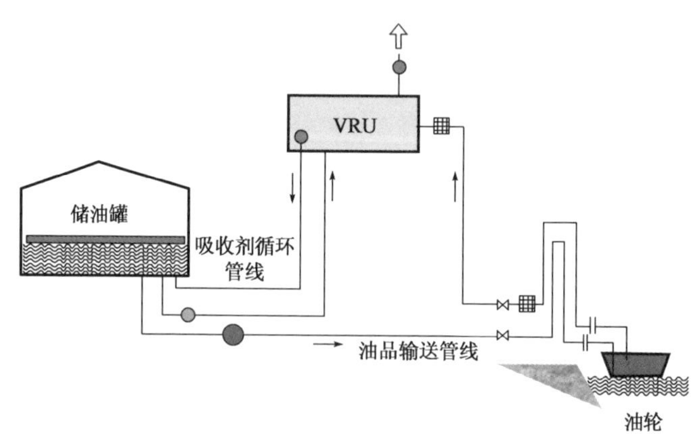

图2.1　码头油气回收系统设备工作原理图

1)活性炭吸附吸收工艺

在油库,当油罐车(船)装载油品的时候,原来空油罐里的油气和空气与装

载的液态产品挥发的油气相混合，这种混合气体被装载入油罐的产品所代替。随着液体注满空的油罐车（船），液体把空气和油气从油罐顶部挤出，通过一根油气软管进入集气管道系统。油气通过集气管道系统流入一个气液分离器，该气液分离器能从油气中分离出液态油品，还能用泵抽回油罐。之后，完全不带液体的油气流入油气回收系统。

油气进入油气回收系统之后，便进入两个吸附塔中的一个。每个吸附塔都装满了特殊的活性炭。空气—油气混合气体中的碳氢化合物被吸到活性炭粒子表面，并在大气条件下停留在那里。混合气体中的空气成分不受活性炭的影响，通过活性炭之后进入大气，中间不再掺杂碳氢化合物。在吸附过程中，特殊的活性炭利用表面动能的动力吸引碳氢化合物。油气回收装置使用的特殊活性炭，有很大的表面吸收面积，平均约为1800000m^2/kg。这么大的表面面积使每千克活性炭可吸附多达0.5kg碳氢化合物。当空气—碳氢化合物混合气体通过巨大的吸收表面之后，碳氢化合物被吸引到活性炭表面，并停留在这里直到出现更大的反向力。这种吸引的现象叫作"吸附"。

空气中一般包含不同浓度的水蒸气。空气不会被活性炭吸附，因而空气通过炭床不会受到任何影响。空气中不同湿度水蒸气会被部分吸附，尽管这种吸附不像吸附碳氢化合物那样容易。结果所有空气和大部分水蒸气通过了炭床，而气相的碳氢化合物和少量水蒸气却被吸附在活性炭上。因为油气回收系统的基本功能就是减少空气污染，通过分析进入大气的出口碳氢化合物就能证明该系统的有效性。通过测量炭床顶部气流中碳氢化合物的浓度，我们证实出口气流几乎不含有碳氢化合物，系统完全按设计正常运转，微量水蒸气对设备运营没有影响。

在吸附过程中，油气吸附在活性炭的表面。一旦活性炭接近其设计吸附极限，炭床必须再生，以继续作为吸附剂发挥作用。油气回收系统通过使炭暴露在高真空（负压）下的方式实现炭的再生。高真空能产生足够大的解吸能量，破坏烃分子和活性炭颗粒间的分子水平的黏合。一旦这种黏合被打破，碳氢化合物片断就会从活性炭颗粒中释放出来并通过炭颗粒间的真空从炭床底部流出。这种再生的现象叫作"解吸"。

活性炭中解吸出来的油气被送入一个质量转换塔，叫作"吸收塔"。在吸收塔（立式）中，浓缩碳氢化合物不断向上运动，穿过一层厚厚的特殊的质量转换随机填料层。同时，从油库储藏油品的罐抽到油气回收装置，流向吸收塔顶部，在这里，它们被均匀分配，向下流过填料。填料为向下流动的油品和向上运动的油气提供了足够大的接触表面积。这种接触使浓缩的气相碳氢化合物不断在液体油品中溶解，这一步叫作“吸收”。液体油品向下流入吸收塔底部，在这里汽油被收集并抽回到油库。罐里的汽油被再次出售，实现投资成本的回收。

活性炭吸附工业可以直接达到毫克级的排放要求（50～100mg/m³），目前在德国和荷兰有大量的成功运行案例。

活性炭吸附吸收工艺可以根据使用地的排放要求，根据工艺设计的差异（活性炭用量、解吸真空度）实现 50～100g/m³ 的排放控制区间，如图 2.2 所示。

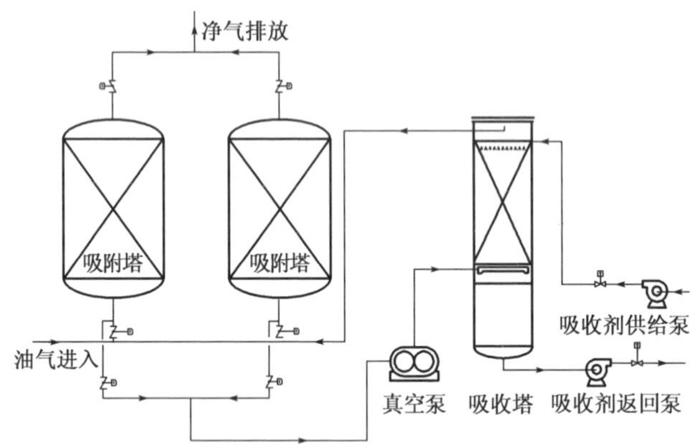

图 2.2　活性炭吸附吸收工艺原理及工艺图

2）冷凝吸附工艺

进入油气回收系统之后，油气首先进入制冷机组系统的油气冷凝器进行冷凝。制冷机组可以为油气冷凝器提供 0℃、-15℃、-35℃、-75℃的低温环境，油气按顺序先后经过 0℃冷凝器、-15℃冷凝器、-35℃冷凝器、-75℃冷凝器，油气自身的温度被分别降低到大约 5℃、-10℃、-30℃、-70℃，在此情况下油气中的油分子（碳氢化合物）绝大部分由气相变成液相，经过气液分离器后，液相部分流入缓冲储罐暂存，达到一定液位后由汽油泵送至用户的汽油储罐中而得以回收。而分离器顶部的不凝气（绝大部分是空气，含少量油分子），经过回收自身一部分冷量后，被送到活性炭吸附罐的入口并进行处理。

活性炭中解吸出来的油气是含碳氢化合物浓度非常高的浓缩气，通常可以达到 60% 甚至 80% 以上。由真空泵解吸出来的油气分子被送回至油气回收装置前端的制冷系统油气冷凝器，重被液化处理。

单独使用冷凝工艺 -110℃能够满足 25g/m³、95% 的排放要求。如果要求实现更高的排放标准,必须使用冷凝+活性炭组合的技术。可见伴随技术标准的提高实现VOC达标排放的最终技术手段仍然需要依靠活性炭吸附工艺。冷凝吸附工艺图如图2.3所示。

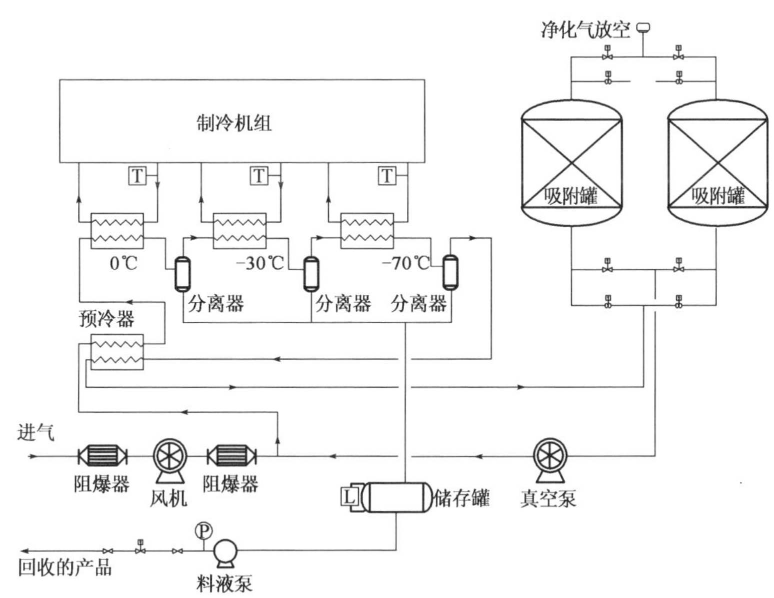

图2.3　冷凝吸附工艺图

3)膜分离工艺

膜分离法VOC/油气回收装置(或用于其他碳氢化合物/VOCs回收过程)占地面积小、回收效率高,与活性炭吸附工艺结合可以实现最为严格的毫克级排放要求。

以美国某公司开发的VaporSep有机蒸气膜系统为例。VaporSep分离膜利用有机气体(碳氢化合物/VOCs)优先透过的特性(有机蒸气在膜中的透过速率比氮气快许多倍),将有机气体与N_2、CH_4等分离,进而实现有机蒸气(VOCs)的回收利用,如图2.4所示。

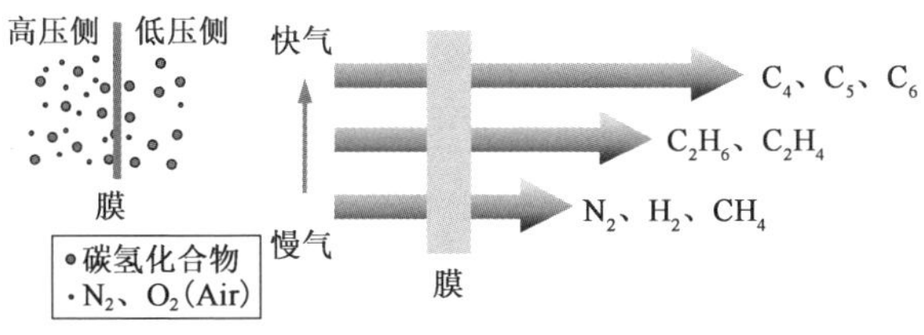

图2.4　膜分离原理图

膜分离/活性炭变压吸附组合工艺由三部分构成：①液环压缩机与吸收塔构成传统的压缩、吸收系统；②第二部分为膜分离系统；③第三部分是活性炭变压吸附(Psa of activated carbon, PSA)系统。含 VOCs 气流经压缩机增压后送入吸收塔用汽油吸收；从吸收塔顶流出的饱和 VOCs/空气混合物流进入膜分离单元，进一步回收其中的 VOCs。经过膜分离器后产生两股物流：富集 VOCS 的渗透气，经过真空泵返回压缩机入口进行循环；净化后的空气，其中含有少量的有 VOCs(约 $10g/m^3$)，进入膜分离装置后加装的活性炭变压吸附装置，可进一步将 VOCs 浓度降至 $80mg/m^3$ 非甲烷总烃。

单独使用膜工艺可以实现 $10g/m^3$ 的排放要求。如果需要达到更高的排放标准，则需要配套活性炭吸附工艺。膜分离工艺图见图 2.5。

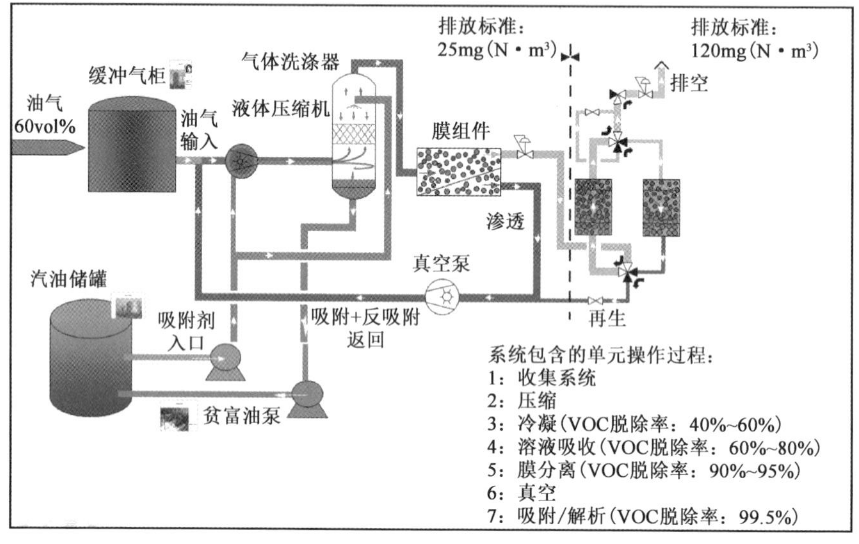

图 2.5 膜分离工艺图

各种码头油气回收装置技术对比见表 2.1。

各种码头油气回收装置技术对比表　　表 2.1

序号	项目	活性炭吸附法	冷凝+活性炭吸附法	膜分离法	冷凝法
1	原理	活性炭对油气的吸附和解吸	低温冷却(-75℃)、活性炭对油气的吸附和解吸	膜对油气和空气的选择性分离	低温冷却(温度在-110℃以下)
2	适用产品	原油、成品油、化工品	原油、成品油、化工品	成品油、化工品	原油、成品油、化工品

续上表

序号	项目	活性炭吸附法	冷凝+活性炭吸附法	膜分离法	冷凝法
3	处理载体特性	精选低灰分煤，经过高温、酸洗、钝化处理，具有硬度高、空隙丰富、比表面积大、吸附能力强、易解吸，在相对湿度达到98%的情况下仍能发挥作用	需要双级制冷系统，整机装机容量高，为满足环保要求，需配合活性炭吸附工艺	膜使用一段时间后，孔径会变大并且膜会破碎，从而导致失效。无论哪种膜，油气快速流过都会产生静电，有安全隐患	需要多级制冷系统，深冷级需要特殊冷媒或机组配合，整机装机容量大，易造成冰堵
4	工艺路线	活性炭吸附—真空解吸—汽油吸收	低温冷凝回收—活性炭吸附—真空解吸—汽油循环	压缩—吸收—膜过滤	多级冷凝—深冷
5	工艺系统复杂度	简单	复杂	简单	复杂
6	适用范围	可用于内陆和码头发油的油气回收。既可满足间歇工况条件，也可满足油气不间断排放的码头油气回收运行要求	可用于内陆和小型码头发油。靠入口压力检测启动，控制精度低、耗能高。在不使用并联冷凝器系统的情况下无法满足码头油气回收要求	可用于内陆和中小型码头发油，用于间歇工况需加装缓冲气柜。可满足油气不间断的码头油气回收运行要求。无法应用于原油码头	可用于内陆和小型码头发油。设备启动后不能停机，压缩机只能连续操作保持低温。在不使用并联冷凝器系统的情况下无法满足码头油气回收要求
7	安全与可靠性	符合国际国内相关安全防爆标准，活性炭温度控制技术十分成熟，炭床工作温度可控制在37～48℃之间，满足国内安全要求	符合国际国内相关安全防爆标准，在低温（－35℃或－75℃以下），水会在设备内结冰，常导致设备破裂，使系统无法运行，需要定时停机化霜。活性炭温度控制技术十分成熟，炭床工作温度可控制在37～48℃之间。连续装船要求VOC冷凝器一备一用，一套工作一套化霜，频繁冷热交替导致设备寿命降低。冷凝后化霜的污水需要处理	符合国际国内相关安全防爆标准。吸收塔工作压力2.2kg，属易燃易爆气体压力容器；加装缓冲气柜，如质量控制不好易产生安全隐患。系统为压力容器，需要接受压力容器监检	在低温（－110℃以下）下，水会在设备内结冰，常导致设备破裂，使系统无法运行。系统需要定时停机化霜。低温环境对设备材质与制造工艺要求高

续上表

序号	项目	活性炭吸附法	冷凝+活性炭吸附法	膜分离法	冷凝法
8	应用情况	美国环保署推荐油气回收技术，世界上主流油气回收供货商均使用该油气回收工艺。 国内已有相关案例	国际上暂无大量应用案例	成本较高，膜组件使用寿命短，德国有少量应用，其他国家码头油气回收应用较少	早期的油气回收方法，国外案例较少，目前国内已有相关案例
9	环境达标	能够满足世界上所有国家的排放要求，尤其是德国的150mg/m^3 最严格要求	可达到我国油气排放环境标准要求（25 g/m^3）	可达到我国油气排放环境标准要求（25 g/m^3）	可达到我国油气排放环境标准要求（25 g/m^3）
10	相同处理能力一次性投资	低	低	较高	低
11	运行能耗成本	相同油气入口浓度和温度的情况下耗电低，2500m^3/h，装机功率195kW	相同油气入口浓度和温度的情况下耗电较高，2500m^3/h，装机功率600kW	相同油气入口浓度和温度的情况下耗电较高，2500m^3/h，装机功率700kW	相同油气入口浓度和温度的情况下耗电高，2500m^3/h，装机功率800kW
12	物耗成本	活性炭使用寿命>10年	凝霜现象无法消除，常导致设备管件破裂，需要检修。需要停机化霜或冷凝器并联	膜组件寿命一般在3~5年，油气或循环汽油脏的运营条件下，膜组件寿命会大大缩短	凝霜现象无法消除，需要检修，停机化霜或冷凝器并联
13	部件成本	关键核心部件进口，质量可靠，使用寿命长，更换及维护成本低	关键核心部件进口，装置整体性价比低，维护成本相对较高	主机配件进口，维护成本较低	多数部件国产，更换及维护成本相对较高
14	油气处理能力	100~40000m^3/h；处理能力弹性大，适合大、中、小任何规模的码头油气的处理工况	<1000 m^3/h；相对适合于小型内河码头和没有吸收剂的工况	<3000m^3/h；相对适合中、小型码头	<1000m^3/h；相对适合小型内河码头和没有吸收剂的工况

2.2 码头油气回收系统设计影响因素

2.2.1 回收油品介质成分特点

《码头油气回收设施建设技术规范(试行)》(JTS 196-12—2017),规定的油气回收介质包括原油和汽油、石脑油、航空煤油、溶剂油、芳烃或类似性质石油化工品。

其中,对于原油油气回收,目前除了“中化兴中原油装船油气回收试点项目”外,我国沿海、沿江各液体散货装船港的蒸气(包括油气和化学品蒸气)回收,除对汽油等轻质油品、运输蒸汽压较高的液化烃船、部分运输毒性强的化工品及货物价值高的化工品种进行回收,没有对原油货种进行回收。按照《油品装载系统油气回收设施设计规范》(GB 50759—2012)要求,回收品种为汽油、石脑油、航空煤油、溶剂油、芳烃或类似性质的油品,也没有对原油货种进行回收。因此,对原油货种进行回收需慎重,同时库区储罐和装车系统也要慎重对原油货种进行回收。

成品油码头油气回收设计条件研究如下。

1)成品油类型

成品油分为汽油、石脑油、煤油、柴油等。其中以汽油和石脑油挥发量相对较大,汽油挥发组成分析见表2.2。

汽油挥发组成分析表(参考) 表2.2

项目	质量指标						
	车用汽油(四)			车用汽油(五)			
	90	93	97	89	92	95	98
抗爆性							
研究法辛烷值(RON) 不小于	90	93	97	89	92	95	98
抗爆指数(RON + MON)/2 不小于	85	88	—	84	87	90	93
铅含量(g/L) 不大于	0.005(50ppm)			0.005(50ppm)			0.005(50ppm)
10%蒸发温度(℃) 不高于	70			70			70
50%蒸发温度(℃) 不高于	120			120			120

续上表

项　目	质量指标						
	车用汽油(四)			车用汽油(五)			
	90	93	97	89	92	95	98
90%蒸发温度(℃)　不高于	190			190			190
终馏点(℃)　不大于	205			205			205
残留量(%,体积分数)　不大于	2			2			2
蒸气压(kPa)							
11月1日至4月30日　不大于	42~85			45~85			45~85
5月1日至10月31日　不大于	40~68			40~65			40~65
胶质含量(mg/100mL)　不大于							
未洗胶质含量(加入清净前)	30			30			30
溶剂洗胶质含量	5			5			5
诱导期(min)　不小于	480			480			480
硫含量(%,质量分数)　不大于	0.005(50ppm)			0.001(10ppm)			0.001(10ppm)
硫醇(需要满足下列要求之一)							
硫醇硫含量(%,质量分数)　不大于	0.001			0.001			0.001
铜片腐蚀(50℃,3h,级)　不大于	1			1			1
水溶性酸或碱	无			无			无
机械杂质及水分	无			无			无
苯含量(%,体积分数)　不大于	1.0			1.0			1.0
芳烃含量(%,体积分数)　不大于	40			40			40
烯烃含量(%,体积分数)　不大于	28			24			24
氧含量(%,质量分数)　不大于	2.7			2.7			2.7
甲醇含量(%,质量分数)　不大于	0.3			0.3			0.3
锰含量(g/L)　不大于	0.008			0.000			0.000
铁含量(g/L)　不大于	0.01			0.01			0.01
密度(20℃,kg/m^3)				720~750			720~775

1985年,前中国石油公司对分布于18个省、自治区、直辖市的商业油库24座油罐进行了为期一年的静止储存蒸发损耗测试。同时还对罐间输转、铁路油罐车、汽车油罐车和油轮的装、卸途中,以及灌桶等产品流通的各个环节的蒸发

损耗进行了现场测试或模拟现场测试，并以这些测试结果为依据编制了《散装液态石油产品损耗》(GB 11085—1989)，规定了散装液态石油产品的接卸、储存、运输(含铁路、公路、水路运输)、零售的损耗(表2.3)。

装车(船)损耗率(%)　　表2.3

地　区	汽　油			其他油
	铁路罐车	汽车、罐车	油轮、油驳	不分容器
A类	0.17	0.10	0.07	0.01
B类	0.13	0.08		
C类	0.08	0.05		

注：A类地区：江西、福建、广东、海南、云南、四川、湖南、贵州、台湾、广西。
B类地区：河北、山西、陕西、山东、江苏、浙江、安徽、河南、湖北、甘肃、宁夏、北京、天津、上海。
C类地区：辽宁、吉林、黑龙江、青海、内蒙古、新疆、西藏。

油气回收装置的油气设计浓度宜取实测的最热月平均油气浓度，油气回收装置入口浓度在设计过程中还需考虑装船累计挥发问题。无实测数据时可按下列方法确定平均设计浓度：

(1)最热月平均气温高于25℃的地区，油气设计浓度可取40%～45%。

(2)最热月平均气温在20～25℃之间的地区，油气设计浓度可取35%～40%。

(3)最热月平均气温低于20℃的地区，油气设计浓度可取30%～35%。

2)原油类型

原油的商品分类法又称工业分类法，是化学分类方法的补充。商品分类的根据很多，如分别按原油的密度、硫含量、氮含量、含蜡量和胶质含量分类等。国际石油市场常用计价的标准是按比重指数API°分类和含硫量分类。第十二届世界石油会议规定的原油分类标准见表2.4。

原油分类标准　　表2.4

类　别	API°	20℃相对密度
轻质原油	>31.1	<0.8661
中质原油	22.3～31.1	0.8661～0.9162
重质原油	10～22.3	0.9162～0.9968
特重原油	<10	>0.9968

分类标准(%)	< 0.5	0.5～2.0	>2.0
原油类别	低含硫	含硫	高含硫

2.2.2 对装船数据进行分析

在油气回收中与油气回收处理装置关系最为密切的是原油的 VOC 浓度和硫化物含量。原油的 RVP(雷德蒸汽压,Reid Vapor Pressure)在 0.1 ~0.8kg/cm^3,部分原油挥发组分检测数据见表 2.5、表 2.6。

原油装船油气烃浓度 表 2.5

采样日期	采样时刻	样品名称	船舱号	油品流量(m^3/h)	船舱油位	总烃浓度(mg/m^3)
2012-03-14	17:00	5 号泊位	1c		0%	638016
2012-03-14	21:30	萨里尔原油		3500	3%	712230
2012-03-15	4:47	油舱体积:11521.14m^3		3800	49%	857010
2012-03-15	7:40			3600	60%	1112160
2012-03-15	8:50			3100	71%	980030
2012-03-15	10:11			3100	78%	1168600
2012-03-14	15:40	2 号泊位	s5	1900	0.80%	197910
2012-03-14	23:21	M100 燃料油		1900	40%	46162
2012-03-14	20:54	油舱体积:2725.4m^3		1900	55%	92608
2012-03-14	20:54			1900	55%	96308
2012-03-15	1:48			1700	72.70%	45504
2012-03-19	12:10	2 号泊位	5s		1.40%	262824
2012-03-19	16:35	SV TUD EN 原油		400	1.40%	233256
2012-03-19	21:20	油舱体积:754.776m^3		580	50%	362736
2012-03-19	22:10			590	60%	425216
2012-03-19	23:30			600	70%	435936
2012-03-20	2:10			600	100%	577112
2012-03-20	16:35	1 号泊位	6	1100	28%	64193
2012-03-20	16:40	380 号燃料油	7	1100	21%	78992
2012-03-21	9:00	2 号泊位	2c	3300	50%	268584
2012-03-21	9:00	萨里尔原油	1s	3200	0%	1187900
2012-03-21	9:00	油舱体积:12930.93m^3	1c	3300	51%	1285400
2012-03-21	10:00		5c		45.20%	1142200

续上表

采样日期	采样时刻	样品名称	船舱号	油品流量（m^3/h）	船舱油位	总烃浓度（mg/m^3）
2012-03-21	13:00		1c	720.4	60%	1221800
2012-03-21	14:30			1200	70%	1238700
2012-03-21	15:00			2500	73%	1257900
2012-03-21	16:00			3500	75%	1044900
2012-03-21	17:30			729.3	88%	1303100
2012-03-21	17:00				90%	1252400
2012-03-22	18:35	2 号泊位凝析油	右 3		0%	219936
2012-03-22	23:30	DARLEND 原油		2510	21%	248944
2012-03-23	2:50	2 号泊位		2330	60%	281152
2012-03-23	5:20	油舱体积:27272.74m^3		2330	70%	297256
2012-03-26	18:00	2 号泊位 Sadala	C5		0%	120452
2012-03-26	18:00	2 号泊位 Sadala	C6		0%	125576
2012-03-26	20:40	2 号泊位凝析油	C5	2800	3%	151976
2012-03-27	1:00		C5	2600	33%	189016
2012-03-27	1:00		C6	2800	33%	196896
2012-03-27	5:10		C5	2000	66%	210672
2012-03-27	7:20		C5	1900	88%	371144
2012-03-27	7:20		C6	1900	93%	588736

原油装船油气硫化物、氮、氧分析结果（单位：mg/m^3，氧氮单位为体积百分比）　　表 2.6

样　品　号	羰基硫	硫化氢	二硫化碳	甲硫醇	乙硫醇	异丙硫醇	丙硫醇	甲硫醚	乙硫醚	噻吩	二甲二硫	甲乙二硫	二乙二硫	二硫醚	氧气（%）	氮气（%）
C6 凝析油 032733%	0.05	0.05	0.06	0.06	0.06	0.07	0.07	2.58	0.1	0.1	0.1	0.2	0.2	0	17.9	72.7
C6 凝析油 032793%	0.65	0.05	0.06	1.08	0.64	0.07	0.07	0.07	0.1	0.1	0.1	0.2	0.2	0	16.4	68.9
1C 萨里尔 032166%	2.75	0.05	0.06	2.69	1.12	0.07	0.07	0.07	0.1	0.1	0.1	0.2	0.2	0	5.43	53.5
Sv Tu DEN 032360%	0.05	0.05	0.06	0.06	0.06	0.07	0.07	0.07	0.1	0.1	0.3	0.2	0.2	0.5	11	74.6
Sv Tu DEN 032270%	0.05	0.05	0.06	0.06	0.06	0.07	0.07	0.07	0.1	0.1	9.4	2.3	1	0	10.9	74.4
2C 萨里尔原油 032150%	2.76	0.2	0.06	3.23	2.28	0.07	0.07	0.07	0.1	0.1	0.5	0.2	0.2	0	12.7	61.1
5C 萨里尔原油 032150%	5.41	2.65	0.06	2.65	1.08	0.07	0.07	0.07	0.1	0.1	0.1	0.2	0.2	0	5	56.1
F2 号泊位 Sv Tu DEN 031973%	0.05	0.05	0.06	0.06	0.06	0.07	0.07	0.07	0.1	0.1	0.1	0.2	0.2	0	11	77.7
右 3Sv Tu DEN 032260%	2.81	0.05	0.06	3.02	0.06	0.07	0.07	0.07	0.1	0.1	0.1	0.2	0.2	0	4.76	53.6
C1 萨里尔原油 032188%	1	2	0.06	1.02	0.06	0.07	0.07	0.07	0.1	0.1	0.1	0.2	0.2	0	15.8	66
D2 号泊位 Sv Tu DEN 03191.4%	0.41	3.11	0.06	0.06	0.06	0.07	0.07	0.07	0.1	0.1	0.1	0.2	0.2	0	10.3	77.2
5 号泊位萨里尔原油 031578%	2.91	0.05	0.06	2.93	0.06	0.07	0.07	0.07	0.1	0.1	0.1	0.2	0.2	0	3.86	51.4

续上表

样　品　号	羰基硫	硫化氢	二硫化碳	甲硫醇	乙硫醇	异丙硫醇	丙硫醇	甲硫醚	乙硫醚	噻吩	二甲二硫	甲乙二硫	二乙二硫	二硫醚	氧气（%）	氮气（%）
F2 号泊位 Sv Tu DEN 031973%	0.05	0.05	0.06	0.06	0.06	0.07	0.07	0.07	0.1	0.1	0.1	0.2	0.2	0	16.7	71.6
M100 燃料油 031440%	4.78	1.35	0.06	0.06	0.06	0.07	0.07	0.07	0.1	0.1	0.1	0.2	0.2	0	6.76	66
M100 燃料油 031455%	0.05	0.05	0.06	0.06	0.06	0.07	0.07	0.07	0.1	0.1	0.1	0.2	0.2	0	15	80.3
萨里尔原油 031549%	2.94	1.41	0.06	0.06	0.06	0.07	0.07	0.07	0.1	0.1	0.1	0.2	0.2	0	4.25	57.6
萨里尔原油 03140%	0.05	0.05	0.06	0.06	0.06	0.07	0.07	0.07	0.1	0.1	0.1	0.2	0.2	0	11.3	81.3
萨里尔原油 031571%	3.85	3.9	0.06	0.06	0.06	0.07	0.07	0.07	0.1	0.1	0.1	0.2	0.2	0	4.3	54.3
最大值	5.41	3.90	0.06	3.23	2.28	0.07	0.07	2.58	0.10	0.10	9.40	2.30	1.00	0.50	17.90	81.30
平均值	1.70	0.84	0.06	0.96	0.33	0.07	0.07	0.21	0.10	0.10	0.65	0.32	0.24	0.03	10.19	66.57
最小值	0.05	0.05	0.06	0.06	0.06	0.07	0.07	0.07	0.10	0.10	0.10	0.20	0.20	0.00	3.86	51.40

通过以上数据分析,影响设计的主要因素为:

(1)油气流量:该数据取决油品装载的流量,根据经验通常情况,取油气回收装置的处理能力为油品装载量的1.25倍。

(2)油气浓度:根据实测数据分析,成品油、原油等油品在装载过程中油气浓度能够达到饱和,所以装置设计浓度应考虑0~饱和(V/V)。

(3)油气温度:油气温度根据码头所在区域的不同温度有所差异,油气温度直接影响油气回收装置的处理性能和能耗。

(4)排放标准:通常码头装载作业的产品有原油、成品油、化工品。不同的排放控制标准对于油气回收装置的占地、投资、工艺选择影响较大,尤其是化工品装载时的排放标准严于原油和成品油,油气回收装置在设计过程中要充分考虑。

2.2.3 油气回收量

陆域装卸区利用汽车和铁路槽车运输时,其装卸量仅有300~500m^3/h。而船舶大型化后不仅载质量加大,装卸速率也在加大,VLCC型原油船舶装卸效率可高达上万立方米,5~10万吨级成品油船舶装卸效率可达上千立方米,远远大于汽车和铁路槽车运输的装卸效率。油气蒸发损耗体积流量需为装卸流量的1.0~1.25倍,此时油气回收处理量可达上万立方米。

确定油气回收处理量是码头成功采用油气回收处理的关键,油气回收处理量取决于油气流量,而油气流量的数据取决油品装载的流量。根据经验,通常情况下油气回收装置的处理能力为油品装载量的1.25倍。

2.2.4 回收处理工艺

针对船舶装卸流量高达上千立方米或上万立方米,应根据不同介质、不同VOCs及其浓度、码头陆域布置情况等,采用适合码头油气回收处理作业特点的处理工艺等油气回收技术,还可进行不同油气回收工艺的集成耦合,以达到技术最先进、经济最优化。

2.2.5 平面布置

液体散货码头根据油轮装卸作业,为节约工程投资通常采用蝶形或顺岸式布置方式,码头平台空间通常都很狭小。对于不同回收规模和处理工艺的油气回收装置平面尺寸也不尽相同,考虑到防火间距等问题,油气回收装置通常不设

在码头区。

之前油气利用船舶排气阀等设施直接排放至大气与码头有一定距离，此时采用油气回收方法把油气引至码头，从而增加码头操作安全风险因素。

2.2.6　码头管理体制

我国对于码头、船舶以及油品的管理相对比较复杂。在船舶管理方面，船舶属于海上设施，船舶防污染及安全监管归属海事局管理，负责人为船东方；码头及岸上设施、储罐等归属港口管理部门管理，负责人为码头方。而在公用码头的归属权方面，油品、化学品在船舶上时，其利益涉及人为船东；油品上岸后，由于码头和罐区都归属码头企业负责，理论上油品上岸后应当归码头企业，但因船东方向码头缴纳了管理费，同时我国油品、化学品的源头利益相关人为石化企业，无论是船东方还是码头企业均属被委托承/转运、存储油品，无权直接处置油品的去处。因此，对于通过码头油气回收设施回收处理并液化的回收油品来说，其利益相关方涉及了石化企业、船东方及码头企业，因此对于回收油品的去处及处置方式也是当前的一大难题，在进行油气回收系统技术设计时也需要综合考虑此项因素。

2.3　码头油气回收安全风险源项分析

2.3.1　码头油气回收设施各单元安全风险概述

通过对国内外码头货油装船工艺、码头油气回收设施工艺的调研，按照国际法律法规对货油船的技术要求，研究、分析提出油船装船作业油气回收过程中的主要风险源如下。

1）油船装船作业主要风险分析

油码头在油料收发工艺过程中，可能存在的安全隐患是火灾、爆炸。导致火灾、爆炸事故的主要危险因素是油品泄漏形成易燃易爆气体，在有明火、电气火花、静电火花、撞击火花、雷电等点火源或高温存在下，泄漏的油品挥发形成油气，可以着火燃烧形成火灾；当油气与空气混合达到一定浓度时形成爆炸性混合物，遇点火源可导致发生爆炸。

船舶漂移、溢油事故等也是码头液货装船过程中存在的主要风险源。其中，船舶含氧量超过临界值是发生火灾爆炸的重要因素。交通运输部科学研究院2012—2013年对6条船舶进行油舱气体含氧量情况检测。6条油船的基本情况见表2.7。

6条船舶的舱内油气含氧量检测情况详见表2.8及图2.6。其中,3号油船装船过程中曾因风浪停止装船30h,因此对前后检测数据分别计算。在检测5号船时,因该船过旧,存在漏气的可能,并且因为装船作业中要求水手对10个货舱观测孔开启检测液位,开启频次高,导致空气进入。

检测油船基本信息 表2.7

序号	吨位	装货种类	压舱情况	船只装货前情况
1	45000t	石脑油	氮气压舱	无洗舱
2	47000t	90号无铅汽油	氮气压舱	进场大修完,洗过舱
3	37000t	90号柴油	锅炉尾气压舱	洗过舱
4	7000t	90号汽油	无	洗过舱
5	7000t	93号汽油	无	无洗舱
6	7500t	93号汽油	无	无洗舱

船舶舱内含氧量检测情况 表2.8

序号	检测时长(h)	平均HC含量(vol)	平均氧气含量(vol)	平均装船流速(m^3/h)	平均货舱温度(℃)
1	22	23.09%	3.21%	1788	8.3
2	42	5.86%	4.63%	967	15
3-1	20	9.6%	11.12%	1330	—
3-2	8	4.35%	6.78%	—	—
4	18	6.49%	19.08%	300	—
5	16	15.04%	20.48%	475	—
6	28	7.29%	18.77%	230	—

在检测中发现,未安装惰性气体发生装置或者油舱与大气连通的油轮其舱

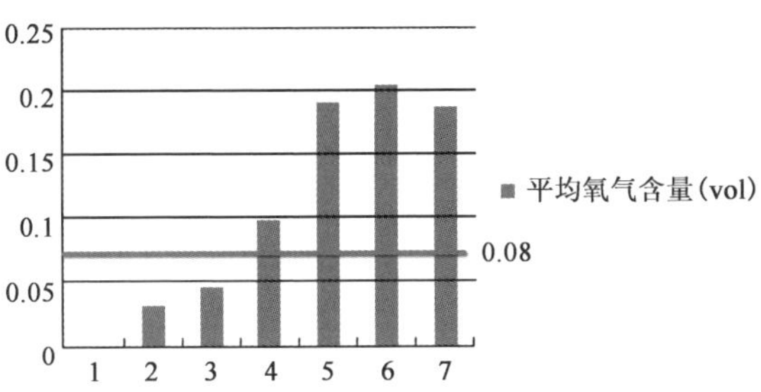

图2.6　船舶舱内含氧量检测情况

内含氧量基本100%超标。安装氮气充舱装置的2艘油轮含氧量均在正常范围内。

2)码头前沿主要风险分析

码头前沿是指以船岸界面安全装置为界限,船岸界面安全装置到船舱的区域为码头前沿区域。

在油轮装船作业过程中,经过大量的文件查阅以及现场的调研发现此区域存在的风险源主要有:船舱含氧量超标、船舱溢油、船舱超压、船舱负压、船舶的漂移、火灾爆炸等。

(1)船舱的超压、负压达到船舱所能承受的限定值会造成船舶船舱的变形,甚至会有油品泄漏,遇到明火、电气火花、静电火花、撞击火花、雷电等点火源或高温存在下,泄漏的油品挥发形成油气可以着火燃烧形成火灾;当油气与空气混合达到一定浓度时形成爆炸性混合物,遇点火源可导致发生爆炸。

(2)船舱含氧量超标、船舱溢油在有明火、电气火花、静电火花、撞击火花、雷电等点火源或高温存在下,泄漏的油品挥发形成油气,可以着火燃烧形成火灾;当油气与空气混合达到一定浓度时形成爆炸性混合物,遇点火源可导致发生爆炸。

3)码头油气回收处理装置主要风险分析

自船岸安全界面至码头油气回收处理装置、回收再利用区域的主要风险:由于油气回收处理油气工艺的不同,其主要风险源也有着一定的区别。无论何种回收处理工艺,在油品泄漏时都形成易燃易爆气体,在有明火、电气火花、静电火花、撞击火花、雷电等点火源或高温存在下,泄漏的油品挥发形成油气可以着火燃烧形成火灾;当油气与空气混合达到一定浓度时形成爆炸性混合物,遇点火源可导致发生爆炸。不同油气回收处理工艺的主要风险如下:

(1)吸收法油气回收处理工艺主要风险。

①导致吸收法油气回收系统的火灾爆炸事故发生的最直接、最需要控制的因素是“油品、油气管道和接口泄漏”问题,因为油品为易挥发、易燃易爆物品,容易导致火灾和爆炸的发生。

②吸收塔压力、液位高易产生安全隐患。

(2)吸附法油气回收处理方式主要风险。

①导致吸收法油气回收系统的火灾爆炸事故发生的最直接、最需要控制的因素是“油品、油气管道和接口泄漏”问题。

②吸附过程的凝结热易产生安全隐患。

③吸附罐压力、回收液中间罐液位过高易产生安全隐患。

(3)冷凝法油气回收处理方式主要风险。

①低温冷场压差过高易产生安全隐患。

②吸附系统压力过高易产生安全隐患。

(4)膜法油气回收处理方式主要风险源。

易产生放电层,存在安全隐患,压缩机(压缩过程压力为3.5bar)防爆性能要求极高。

(5)燃烧法油气回收处理方式主要风险源。

燃烧法油气回收方式由于船舱油气浓度波动较大且属于高危可燃气体,在燃烧时需对船舱油气增浓(需要大量的可燃气体),高浓度可燃气体的介入,加大了油品、油气管道和接口泄漏问题的安全隐患。

总控及各子单元自控系统安全分析:

①控制系统误操作易产生安全隐患。

②信号传递故障易产生安全隐患。

③控制系统自动动作失灵易发生安全隐患。

2.3.2 风险源项分析

参照国内外码头油气回收设施单元的划分,码头油气回收设施分为5个功能单元:油气收集装置单元、船岸界面安全装置单元、管路输送单元、油气处理单元(以冷凝+吸附、吸附+吸收两种处理工艺为例)、油气再利用单元(以冷凝+吸附处理工艺为例)以及外部风险和控制系统单元为节点进行安全风险源项分析等。

风险源项分析见表2.9。

码头油气回收设施风险源项分析表 表 2.9

<table>
<tr><th colspan="2">单元节点</th><th>风险源项</th><th>解决措施</th></tr>
<tr><td rowspan="14">油气收集装置单元</td><td>输气臂机械部分</td><td>地脚螺栓松动;
主钢丝绳接头脱落;
驱动钢丝绳接头脱落;
转轴箱处螺栓断裂</td><td>定期检查、更换</td></tr>
<tr><td rowspan="5">输气臂液压系统部分</td><td>液压分站防爆电磁阀卡死</td><td>遥控器和控制箱加装紧急停泵按钮</td></tr>
<tr><td>接近开关损坏</td><td>在控制回路增加断线检测功能</td></tr>
<tr><td>防爆压力开关损坏</td><td>安装蓄能器压力表,工作时确认压力是否高于10MPa</td></tr>
<tr><td>防爆液压开关损坏</td><td>工作时通过视窗确认液压油是否高于最低液位</td></tr>
<tr><td>蓄能器损坏,不能正常保压</td><td>安装蓄能器压力表,工作时确认压力是否正常;
程序联锁自动补压</td></tr>
<tr><td rowspan="4">输气臂控制系统及仪表</td><td>输气臂与总控失联</td><td rowspan="4">定期维保</td></tr>
<tr><td>紧急脱离装置不可靠</td></tr>
<tr><td>报警系统失灵</td></tr>
<tr><td>输气臂仪表失灵</td></tr>
<tr><td rowspan="4">其他外部原因</td><td>作业误操作</td><td>加强操作人员培训及监督</td></tr>
<tr><td>船舶漂移</td><td>装设紧急脱离装置</td></tr>
<tr><td>静电</td><td>检查接地电阻</td></tr>
<tr><td>雷电、台风等自然灾害</td><td>超过7级风停止作业,采取防台风措施</td></tr>
<tr><td colspan="2" rowspan="7">船岸界面安全装置单元</td><td>切断阀误操作、失控</td><td>选择性能稳定的切断阀、定期检测</td></tr>
<tr><td>仪器、仪表误报警、传输信号紊乱</td><td>选择性能稳定的仪表、定期检测</td></tr>
<tr><td>可燃气体泄漏</td><td>安装可燃气体探测仪,定期对管线、设备维保</td></tr>
<tr><td>上岸油气含氧量超标</td><td>安装含氧量分析仪,含氧量超过限定值,报警切断油气上岸</td></tr>
<tr><td>船舱压力高压、低压</td><td>安装压力传感器,压力值过高、过低超过限定值,报警切断油气上岸</td></tr>
<tr><td>爆炸、火灾</td><td>安装阻爆器、阻火器,防止火灾爆炸的蔓延</td></tr>
<tr><td>静电</td><td>在装置的初端、末端安装绝缘法兰</td></tr>
</table>

续上表

单元节点	风险源项	解决措施
管路输送单元	阻火器堵塞	增加差压显示、管道过滤器，定期检查
	引风机高温	风机出口设温度检测，超温报警
	油气压力过高	设有紧急排空阀
	可燃气体泄漏	安装可燃气体探测仪，定期对管线、设备维保
油气处理单元（以冷凝 + 吸附处理工艺为例）	冷场冰堵	冷场前后设有压差传感器，启动自动融冰，融冰后压差还高则发出报警
	制冷系统高压超高	设有压力传感器和压力控制器双重报警保护
	吸附罐温度过高	每个吸附罐均设有3个温度检测点，有一个超过65℃
	吸附罐压力过高	设有安全阀，压力超高可以自动泄压
	真空泵出口温度过高	出口设温度传感器，报警温度为100℃，并设有冷却装置
	气动阀故障	气动阀带有位置反馈，及时反应阀的动作是否正确
油气处理单元（以吸附 + 吸收处理工艺为例）	吸收塔液位过高、过低	安装液位感器，液位值过高、过低超过限定值，报警关闭油气回收处理装置
	吸收塔压力过高、过低	安装压力感器，压力值过高、过低超过限定值，报警关闭油气回收处理装置
	吸附装置高温	安装温度感器，温度值过高超过限定值，报警关闭油气回收处理装置
	油气温度高	安装温度感器，温度值过高超过限定值，报警关闭油气回收处理装置
	冷却剂温度超高	安装温度感器，温度值过高超过限定值，报警关闭油气回收处理装置
油气再利用单元（以冷凝处理工艺为例）	集油罐压力过高	设有安全阀，压力超高可以自动泄压
	集油罐液面过高	设有液位传感器，液位过高发出报警信号
	油品泄漏	集油罐附近设有可燃气体报警器，发生泄漏时发出报警信号

续上表

单元节点	风险源项	解决措施
外部风险	自然灾害(雷电、台风等)	系统设有紧急切断装置,在发生自然或人为灾害时紧急切断油气回收装置的运行
	人为灾害(火灾、爆炸等)	
控制系统(总控系统及各子单元控制系统)	控制系统误操作易产生安全隐患	A:控制系统设计误操作、系统信号传递不畅通报警; B:控制系统设计系统定期自检,及自动复位等功能; C:定期对系统及信号线路等软硬件进行检测、维护
	信号传递故障易产生安全隐患	
	控制系统自动动作失灵易发生安全隐患	

综合国内外码头油气回收系统研究及建设现状、安全影响因素、关键及主要设备等情况,我国码头油气回收系统的关键技术环节为输气臂设备技术、船岸界面安全装置设备技术、码头油气回收处理单元工艺技术、码头油气回收控制系统技术,以及码头油气回收建设规模和总图布置等方面。

第3章　带紧急脱离装置输气臂

根据《码头油气回收设施建设技术规范(试行)》(JTS 196-12—2017)中2.0.3的定义,油气收集装置(Vapour Collection Units)指利用输气臂或软管对船舶油气进行收集的装置。输气臂是油轮与码头之间传输气体的设备。

《码头油气回收设施建设技术规范(试行)》(JTS 196-12—2017)对输气臂在工艺及检验等多方面作了规定。要求油气收集装置可采用输气臂或软管,并应符合下列规定:

(1)油气收集装置管道公称直径150mm及以上时宜采用输气臂。输气臂应与对应的输油臂的驱动模式和安全模式配置一致。

(2)收集油气的输气臂应满足设计船型、潮差、漂移范围等要求。

(3)输气臂或软管应采取绝缘措施。输气臂或软管的接地电阻、绝缘法兰绝缘电阻值应符合现行行业标准《港口输油臂》(JT/T 398)和《装卸臂技术条件》(HT/T 21608)有关防静电的规定。

另外,输气臂的检验和验收应符合下列规定:

(1)检查输气臂接地连接情况,测量静电接地电阻不应大于10Ω。

(2)输气臂安装完成后,输气臂密性检查应采用气体介质,其试验压力为0.6MPa,不应有泄漏。

(3)液电驱动的输气臂应对液压系统进行密性试验,试验压力为设计压力1.25倍。

(4)输气臂动作试验按照包络范围图操作,各超限报警正常。

(5)带紧急脱离装置(ERC)的输气臂应进行紧急脱离系统(ERS)动作试验,现场的空载脱离试验1次,紧急脱离系统正常。

3.1　输气臂结构形式

油轮与码头之间传输液体及气体的传输目前有两种方式,一种是使用金属软管(复合软管),另一种是使用金属结构的柔性连接设备即输油臂或输气臂。

金属软管(复合软管)油轮与码头连接如图3.1所示。

图3.1　金属软管(复合软管)油轮与码头连接

软管装卸存在的最大问题是软管在使用中易折易磨损使得寿命短,一般为半年需要更换一次、易泄漏严重影响安全,并且需要软管吊等操作,费时、费力。20世纪50年代美国发明使用金属柔性输油臂/输气臂取代了软管。特别是大型油轮的发展,软管已不适应装卸的需要。

输油臂/输气臂的装卸方式如图3.2所示。

图3.2　输油臂/输气臂的装卸方式

使用输油臂/输气臂连接,使用寿命长,可达25年以上,安全性好、操作性好,特别适应大口径输油臂/输气臂。

输油臂典型结构形式包括全配重平衡结构、混合支撑型结构、旋转平衡独立支撑结构、复合结构等几种方式,见图 3.3。其中以旋转平衡独立支撑结构市场占有率最高,约为 90%。旋转平衡独立支撑结构相比其他结构主要优点有:结构紧凑,受力合理,传输管道受结构重力影响较小,使得传输管道上柔性连接的旋转接头受力小,寿命长;维护方便,不需大型起吊设备即可更换旋转接头密封件,维护成本低等。

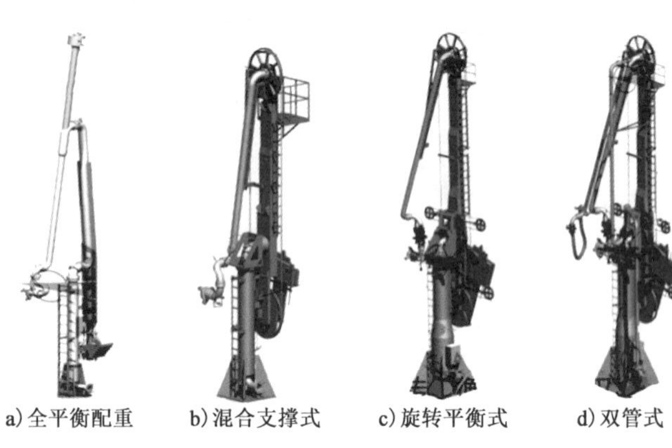

图 3.3　输油臂类型

目前国际上输气臂分为双管臂和单管臂两种,双管臂是将气相臂在单管臂的基础上,将气相管附着于液相臂上,可与液相臂同步运行并与船对接,完成船上汽油油气、原油油气、化工品蒸汽等气体的回收过程。双管臂可以节省码头布置空间,但通常气相管直径较小,双管臂体积较大、结构较复杂、与船端接口范围有限。经调研,目前国际上在采用双管臂的输送形式回收气体时仅用于液化石油气(Liquefied Petroleum Gas,LPG)、苯、丁乙烯等挥发类气体的回收。由于结构复杂,本书暂不将双管臂的结构形式作为设计研究对象。

输气臂和输油臂的结构形式类同,设计输气臂所要考虑的问题同输油臂一样,所以输气臂的结构形式推荐采用旋转平衡独立支撑方式。旋转平衡独立支撑式输气臂结构如图 3.4 所示。参考输油臂,该形式输气臂主要部件包括立柱、内臂、外臂、配重系统、三维旋转组件、锁紧装置等。各部件功能如下:

1)立柱

立柱是用地脚螺栓连接在现场基础上的输气臂/输油臂主要支撑件,过流管道从内部穿过,此部件主要用来支撑整体输气臂/输油臂的自身重量、介质重量、偏心力矩及风荷载等,底部为法兰接口与管线相接。底板的尺寸和基础的设计能满足输油臂/输气臂荷载要求,立柱顶部通过回转支承与转轴箱相连,回转支承的转动使输气臂/输油臂左右旋转。

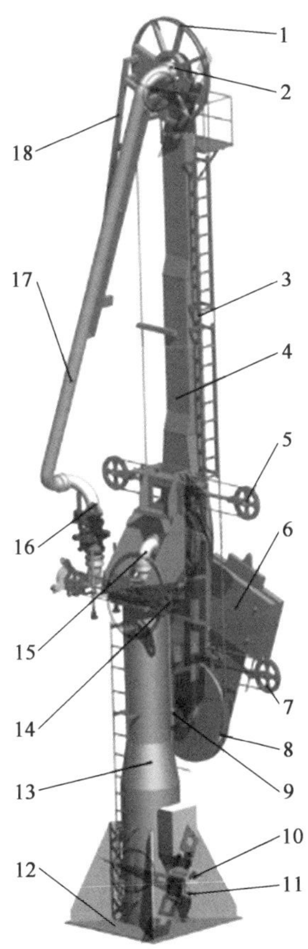

图 3.4　旋转平衡独立支撑式输气臂

1-高点绳轮;2-高点旋转接头;3-内臂;4-内臂支撑;5-内臂驱动;6-配重;7-外臂驱动;
8-实副绳轮;9-锁紧装置;10-连接法兰;11-排放接口;12-基座;
13-立柱;14-水平驱动;15-可拆卸弯头;16-三维旋转组件;
17-外臂;18-外臂支撑

2)内臂

内臂通过支撑箱与立柱顶部相连,支撑箱上部与上绳轮相连,上绳轮旋转驱动外臂张开、回收。支撑箱底部与配重系统连接。上、下绳轮通过钢丝绳连接,平衡外臂力矩。支撑箱中部通过回转支撑与转轴箱相连。回转支撑转动驱动内臂上仰、下俯。

3)外臂

外臂顶部与上绳轮相连,外臂末端装备三维接头,外臂的驱动靠焊接在驱动绳轮和外臂上的支撑实现上下摆动。

4)配重系统

主配重块安装在下绳轮位置,通过主传动钢缆和固定在外臂上的旋转接头与上绳轮平衡外臂。调整固定在配重梁上的平衡块以保证输气臂/输油臂在任意位置的平衡。

5)三维旋转组件

由三个可拆卸旋转接头、紧急脱离装置(ERC)、快速连接器(Quick Connect/Disconnect Coupler,HQC/DC)及管件等组成,设计为自平衡式,使得快速接头法兰始终为垂直方向,以便轻松地与船上法兰相接。

6)排空阀

在立柱进口底部排空阀,用以排放臂管内剩余介质。同时,也可以作为输油臂/输气臂的扫线阀,可采用蒸汽、氮气等吹扫介质。

7)内臂及水平锁紧装置

输气臂/输油臂设非工作状态内臂锁定定位插销和固定外臂的锁定装置。为了防止非工作状态下内臂因风力作用而水平转动,在内臂尾部设有带定位插销的锁定装置。定位插销为手动型的,能承受非工作状态下的最大风力,并带有工作和非工作状态的信号远传功能。

8)防台风连接

输气臂/输油臂在尾部箱与立柱之间设有防台风连接装置,若遇有台风天气时可用螺栓将其可靠固定。另外,在输气臂/输油臂三维接头处配有操作绳,在台风天气时可用于外臂与立柱的可靠固定。

9)安全梯及维修平台

在输气臂/输油臂的立柱和支撑箱上设置安全扶梯,安全扶梯带防坠安全器,以保证操作人员在上下攀爬过程中的安全。

在高点绳轮处设置可供维修保养用的带围栏平台,平台底板为花纹板以防滑,满足操作人员维修保养之用途。

10)静电绝缘法兰装置及导静电装置

输气臂/输油臂在三维接头处装设绝缘法兰。绝缘法兰接头电阻值,水压试验前不小于10MΩ,水压试验后(包括已输送液体后)不小于1000Ω。

在输气臂输送管线法兰连接处及旋转接头连接处设置导静电带,使得油气在流动中产生的静电传导通畅,输气臂与岸上接地连通,消除静电带来的危害。

11)超限报警(二级)

提供二级报警,用于报警点检测的接近开关采用防护等级IP67。

超限报警系统是一套完整的声光报警系统,设有水平转动、内臂摆动和外臂摆动限位装置,声光报警器装在电控柜顶端或输油臂立柱上,通过接近开关来检测报警点;当接船法兰达到正常漂移工作区边界时,输气臂/输油臂控制台控制系统应同时发出声光警报,警示操作人员停止液体输送和分离输油臂。发生其他事故时,按一下现场设置的紧急按钮也可发出声光报警信号。该报警系统提供电信号输出接口,以向总控系统提供信号自动关闭阀门,或起动其他动作之用。

12)可调支腿

装在三维接头上的可调支腿或支架具有足够的强度、刚性和调节范围,能将输气臂/输油臂的部分荷载传递到船舶甲板上,从而有效地保证了在装卸过程中避免由于介质重量和冲击力对船舶歧管的破坏。

13)快速连接器

快速连接器输气臂与传播对接过程中,船舶会随着海浪晃动,给对接带来影响。为方便对接,输气臂的接头法兰处采用导向装置和快速接头,快速接头能适用厚度在一定范围内变化的法兰(5mm)。

快速接头具有足够的强度和刚性,能承受最不利工况下的组合荷载。

快速连接器的轴线总能保持水平状态,其前端带有对中配合器和密封圈接头。

通过使用不同的短接,快速连接器能和不同口径法兰连接(图3.5)。

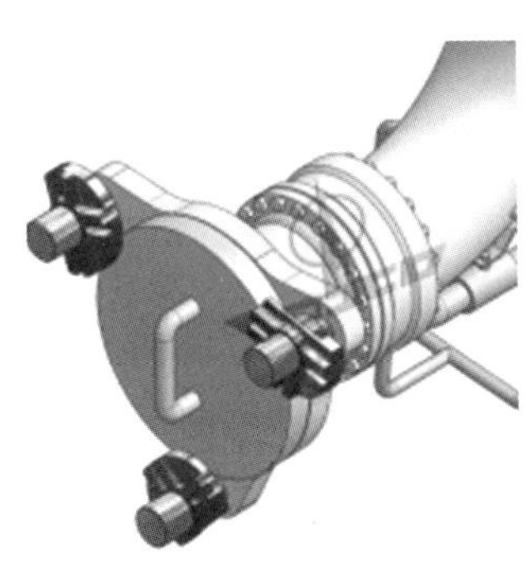

图3.5　快速连接器与法兰连接

3.2　紧急脱离装置

为有效保护油轮及码头安全,防止因天气、潮流、意外操作、缆绳失效等引起的油轮漂移超出输气臂/输油臂使用范围产生的破坏性影响,在输气臂/输油臂上安装紧急脱离系统是最为有效的手段。

3.2.1　法律法规要求

由于对码头安全越来越重视,法律法规要求输气臂/输油臂配备紧急脱离系统。《液体装卸臂工程技术要求》(HG/T 21608—2012)中的4.7.1条要求输送原油、轻油、液化烃、可燃液体、腐蚀性液体介质、有毒液体介质或低温液体介质的液体装卸臂,应配备液压操纵的紧急脱离系统。

同时,《海港总体设计规范》(JTS 165—2013)中的 7.4.7.5 条,也要求"装卸甲 A 类和极度危害介质的码头装卸臂或软管端部,应设置紧急情况下可切断管路并与船舶接口脱离的装置"。

3.2.2 实践的需要和技术的发展

安装使用输气臂/输油臂可有效避免装卸环节中因油轮漂移致使油轮法兰发生破坏。同时,配备了紧急脱离的装卸臂,还可在特殊情况下有效避免严重事故的发生。通过统计,发现使用紧急脱离装置的输气臂/输油臂越来越多,输气臂/输油臂带 ERC 统计分析如表 3.1 所示。

输气臂/输油臂带 ERC 统计分析 表 3.1

年份	输油臂总量(台)	带 ERC 量(台)	带 ERC 所占比例(%)	说　明
2010	129	49	38	
2011	134	65	48.5	
2012	186	119	64	
2013	119	67	56	
2014	155	111	71.6	国外 13 台全部带 ERC

本书涉及的旋转平衡独立支撑式输气臂需根据具体的技术条件要求并参照《带紧急脱离装置的输气臂》企业标准进行设计、制造和验收,该标准参照执行了国际石油公司海运协会(Oil Companies International Marine Forum,OCIMF)和 HG/T 21608—2012 中船用装载臂设计、制造、试验的技术内容。旋转平衡独立支撑式输气臂主要技术参数见表 3.2。

输气臂设计参数表 表 3.2

项　目	参 数 值
公称通径	DN100 ~ DN400
介质名称	汽油气、石脑油气、原油气及部分化学品
工作压力	-0.06 ~ 0.1MPa
设计压力	-0.06 ~ 0.1MPa
强度试验压力	2.0MPa
密封试验压力	0.6MPa
工作温度	-20 ~ 150℃
设计温度	-20 ~ 150℃
设计流速	≤15m/s
最大设计风速	60m/s

3.2.3　紧急脱离装置安全性

为防止误操作产生风险，紧急脱离装置应设置安全螺栓，在输气臂不使用期间，安装上安全螺栓，即使由于液压电气故障造成误动作或夹板打开，上下球阀都牢固结合在一起，不会产生分离；为防止夹板横杆由于外力作用而使夹板打开，设置了安全销，只有超过设定的力量才能剪断打开，液压缸推力要大于推杆的夹紧力及安全销的致断力之和。

当输气臂工作现场遇到紧急情况发出报警信号后，输气臂（Programmable Logic Controller，PLC）控制程序发出紧急脱离指令，在液压系统的作用下，打开紧急脱离装置（ERS）的紧急脱离接头（ERC），实现上/下切断阀的分离，从而实现装卸臂与受注船的脱离。脱离后，上切断阀随装卸臂的外臂上升，下切断阀留在受注船上，两个切断阀均处于关闭状态，充分保障了码头、船舶及输气臂设备的安全。在紧急情况下可以手动或自动操作紧急脱离装置，球阀迅速自动切断，关闭船舶和输气臂的管路，使紧急脱离装置快速分离，减少污染气体排放，保护码头大气环境。

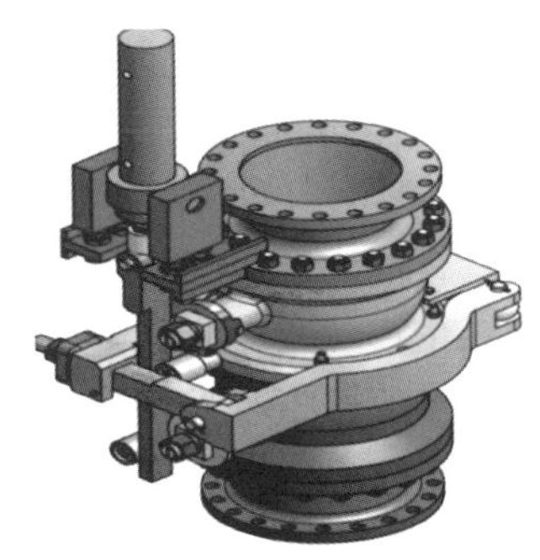

图 3.6　当槽船漂移出规定的包络范围

双球阀紧急脱离装置的结构如图 3.6 所示。

系统将自动启动，在设定的时间内实现紧急脱离装置上下阀门的关闭和分离，以实现装卸臂和槽船的安全分离。特殊情况下需要槽船离开码头时在电器控制柜上人工启动紧急脱离，实现紧急脱离装置上下阀门的关闭和分离，以实现装卸臂和槽船的安全分离（图 3.7）。

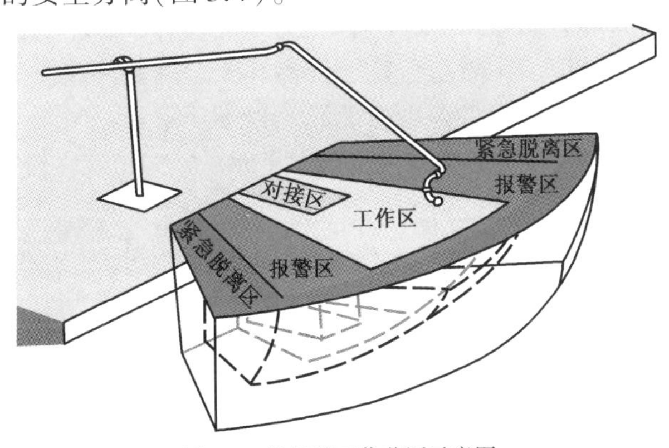

图 3.7　输气臂工作范围示意图

依据 HG/T 21608—2012,要求紧急脱离时间为 5 ~ 30s。

3.2.4 输气臂的液压控制系统

紧急脱离系统安全可靠不但体现在紧急脱离装置本身,更重要的是体现在液压电气控制系统。

输气臂的液压控制系统,在一个泊位上应为 1 套系统,按照 OCIMF 规范要求,带紧急脱离装置的输气臂液压站应为双机双泵,互为备用,以保证装卸作业的正常进行。液压系统包括液压总站、液压分站、安全阀箱、蓄能装置、防止管路过压的安全溢流阀及液压管路等液压附件。

液压总站:液压系统的动力源,布置于码头上装卸臂附近的控制台内或室外(放置室外时应有适合海边户外环境使用的防护结构)。基本配置包括两套100%负荷的电机—泵装置、手动泵装置、调压阀组、过滤精度不低于 20μm 的回油管路过滤器。油箱上应配备带过滤功能的呼吸装置或箱体内设隔膜机构,以便满足不同工况下油箱液位变化需求,油箱低处设置排油口或管路,箱体设置用于维修油箱内液压元件及清理油箱使用的人孔结构。

液压分站:装卸臂操作控制阀组单元,布置于装卸臂立柱上或立柱附近地面(与装卸臂立柱布管距离不大于 3m)。内部配置包括油路块(电磁换向阀安装基础)、电磁换向阀,用于调节装卸臂动作速度的阀组,切断分站进油管路的手动球阀。

安全阀箱:安装于装卸臂三维接头处,紧急脱离装置附近,控制紧急脱离装置的油路开关,并能反馈控制信号到 PLC 控制系统,进行紧急脱离系统的连锁控制。内部配置包括油路块、手动换向阀及电气信号反馈装置。

蓄能装置:根据项目需求可以集成安装于液压总站内或液压分站内,也可单独设置于码头上装卸臂附近区域,作为紧急状态下的液压动力源,保证紧急脱离装置启动时的动力供应。配置应包括蓄能器和安全控制阀组。

液压系统的设计技术条件至少应能满足以下要求:

(1)满足装卸臂的常规操作需求,能够驱动单台装卸臂在设计荷载内,设计要求速度达到包络内的任意位置并能顺利收回。

(2)每台装卸臂的动作速度快慢可以通过液压分站内的阀组进行独立调节。

(3)电磁换向阀应有应急状态下的手动换向功能。

(4)在设计规范要求时间内完成紧急脱离装置的执行动作。

(5)驱动单台装卸臂满载或空载脱离后的收回和紧急脱离装置复位对接

操作。

(6)维持蓄能器的设计蓄能压力。

(7)蓄能装置的蓄能压力能够充分满足紧急状态下紧急脱离装置的动作执行需求(液压总站无动力输出情况下)。

(8)满足装卸臂在与船舶连接后的安全随动状态。

(9)装卸臂上液压执行元件附近设置防止管路过压的溢流保护阀件。

(10)两套电机—泵装置在常规工况下一用一备,手动泵装置可以在电机—泵装置无动力输出时提供备用动力输出,完成装卸臂的回收操作需求。

(11)回油管路过滤器上应有回油压差指示表,过滤器滤芯结构设置应便于更换。

(12)液压站体应有满足码头现场使用的防护结构,液压管线应采用耐腐蚀性好的不锈钢304材质或更高等级的不锈钢材质。

(13)液压系统设计及液压油品选用应满足使用现场的最低温度要求。

3.2.5　输气臂的电气控制系统

输气臂的电气控制系统和液压系统一样,与输油臂共用1套系统。为方便观察输气臂/输油臂的运动过程,操作采用无线遥控,遥控距离不小于100m,无线频率不得与码头无线信号发生干扰。

根据《海港总体设计规范》(JTS 165—2013)12.3.3港区宜采用400MHz及以上频率的数字集群系统。根据12.3.4在气体危险区域的通信设备应为本质安全型的要求,操作输气臂的无线遥控发射器的频率为340MHz,符合不与码头无线信号干扰的要求。

输气臂控制系统供电规格及与码头控制系统通信要求:

(1)码头须为输气臂控制系统提供电源供给,供电规格为AC380V、50Hz,采用三相五线制。电源供给电缆须敷设到输气臂控制系统控制柜在码头的预定安装位置,电源电缆须根据输气臂控制系统功耗及现场敷设距离来选择合适规格。

(2)输气臂控制系统可向码头控制系统提供输气臂的各种状态信号,用于码头控制系统进行联锁控制。输气臂控制系统提供的远传信号应包括每台输气臂的锁紧信号、一级报警信号、二级报警信号、紧急脱离系统待命信号、紧急脱离系统启动信号。输气臂控制系统为码头控制系统提供远传信号,包括以下两种方式:

①无源开关量信号(继电器信号)。码头现场须采用硬接线方式通过多芯电缆进行信号传输,多芯电缆须由码头控制系统所在位置敷设至输气臂控制系

统控制柜在码头的预定安装位置。采用无源开关量信号远传时，码头控制系统需为每台输气臂提供不少于五个远传信号输入点，并预留出相应的接线端子（每个信号需用两个接线端子及两芯线）。根据远传信号数量多少及传输距离可选用单芯截面0.75～1.5mm^{2}的12芯、16芯或其他芯数的铜芯控制电缆进行敷设（因输气臂控制柜预留远传信号接口格兰规格统一为G1，所以多芯电缆芯数不宜超过20芯，以免线缆外径过大而无法接入格兰）。

②以太网通信。码头现场须采用双绞线或光纤进行信号传输，双绞线或光纤须由码头控制系统所在位置敷设至输气臂控制系统控制柜在码头的预定安装位置，并最终以双绞线形式接入输气臂控制柜，以直通线方式压接RJ45接头后与输气臂控制系统通信以太网通信模块连接。输气臂控制柜内预留RJ45接口或双绞线以直通线方式压接RJ45接头作为预留，现场若采用光纤，须在敷设至输气臂控制系统控制柜附近转换为双绞线，再接入输气臂控制系统控制柜。

输油臂/输气臂超限报警限位开关选用接近开关替代原有的行程开关，与行程开关相比，接近开关具有以下优点：

①非接触检测，不影响被测物的运行工况。

②不产生机械磨损和疲劳损伤，工作寿命长。

③响应快，一般响应时间可达几毫秒或几十毫秒。

④采用全密封结构，防潮、防尘性能好，工作可靠性强。

⑤无触点、无火花、无噪声，更适用于要求防爆的场合。

⑥输出信号更易于与计算机或可编程控制器（PLC）通信。

⑦体积小，安装调整方便。

另外，选用的接近开关为防止高热潮气、雨雪浸蚀等应选用防护等级为IP67及以上接近开关，防爆标准应符合现行《爆炸性气体环境用电气设备　第1部分：通用要求》（GB 3836.1）和《爆炸性气体环境用电气设备　第4部分：本质安全型“i”》（GB 3836.4）要求。

输气臂/输油臂本体电气布线应采用铜芯聚氯乙烯绝缘聚氯乙烯护套本质安全型控制电缆，外套保护软管，使电缆不受外力磨损及绝缘，起阻燃、耐热、耐寒，防腐蚀作用。

为防止对锁紧状态下的输油臂/输气臂的误操作，在输油臂/输气臂的锁紧位置增设接近开关，当前臂处于锁紧状态进行操作时，电控系统进行声光报警及可视界面提示，确保在锁紧装置打开的前提下才能进行输油臂/输气臂的操作。

为了防止意外情况下的失电造成的电气控制系统瘫痪，应为电气控制系统配备不间断电源(Uninterruptible Power Supply,UPS),当出现紧急情况需要操作输油臂/输气臂时,可通过UPS给电气控制系统供电来实现短时间内的应急操作。同时,电气控制系统应具有短路保护、过载保护功能,当电路发生故障或异常时,能够迅速切断故障电流,防止事故扩大,保证系统安全运行。

控制柜为防爆型应达到dIIBT4,防护等级为IP55,以适应防区域的及潮热地区的要求。

(3)输气臂基本工作流程如下:

①控制箱上电,通过转换开关选择要操作的输气臂。此时输气臂属于待命状态,无远传信号至中控室。

②压下输气臂锁紧,通过遥控器或者控制箱按钮操作输气臂,使输气臂接口与船上接口相连接,此时输气臂处于操作状态。锁紧信号传至中控室,该信号表示输气臂处于正在操作状态。

③输气臂与船完全连接好,将紧急脱离上方的安全阀箱的手动阀杆推至接船后状态,此后输气臂属于正常接船运行状态。紧急脱离系统待命信号传至中控室,该信号表示输气臂属于正常接船运行状态。

④输气臂在接船运行过程中,如果船发生漂移,超出输气臂的正常工作范围,此时会触发一级报警信号。当输气臂超出设定的极限报警区域,此时会触发二级报警信号,并触发紧急脱离装置,输气臂与船分离,此时一级报警信号、二级报警信号、紧急脱离系统启动传至中控室,该信号表示输气臂处于紧急状态,需要立即停止作业。当码头出现紧急情况(如火灾等)需要输气臂和船进行分离时,可以通过手动脱离按钮启动紧急脱离装置,实现输气臂与船分离。此时紧急脱离系统启动传至中控室,该信号表示输气臂处于紧急状态,需要立即停止作业。

⑤当输气臂接船完成后,将紧急脱离上方的安全阀箱的手动阀杆推至接船前状态,松开输气臂锁紧,通过遥控器或控制箱按钮操作输气臂,使输气臂处于回收状态。此时无远传信号至中控室。

3.3 输气臂的抗腐蚀和耐久性

3.3.1 海洋性环境特点及输气臂材料

海洋性环境是指在海平面以上由于海水的蒸发,形成含有大量盐分的大气环境。此种大气中盐雾含量较高,对金属有很强的腐蚀作用。与浸于海水中的钢铁腐蚀不同,海洋大气腐蚀同其他环境中的大气腐蚀一样,是由于潮湿的气体在物体表面形成一个薄水膜而引起的。这种腐蚀大多发生在海上的船只、海上平台以及沿岸码头设施上。我国许多海滨城市受海洋大气的影响,腐蚀现象是非常严重的。普通碳钢在海洋大气中的腐蚀速度比沙漠大气中大50~100倍。除了在强风暴的天气中,在距离海岸近的大气中的金属材料,特别是在距海岸200m以内的大气区域中,强烈地受到海洋大气的影响,离海岸24m处钢的腐蚀比240m处大12倍,海洋大气中金属材料腐蚀速率明显变化发生在距海岸线15~25km之间。因此,海洋大气的影响范围一般界定为20km左右。海洋大气中相对湿度较大,同时由于海水飞沫中含有氯化钠粒子,所以对于海洋钢结构来说,空气的相对湿度都高于它的临界值。因此,海洋大气中的钢铁表面很容易形成有腐蚀性的水膜。薄水膜对钢铁作用而发生大气腐蚀的过程,符合电解质中电化学腐蚀的规律。这个过程的特点是氧特别容易到达钢铁表面,钢铁腐蚀速度受到氧极化过程控制。空气中所含杂质对大气腐蚀影响很大,海洋大气中富含大量的海盐粒子,这些盐粒子杂质溶于钢铁表面的水膜中,使这层水膜变为腐蚀性很强的电解质,加速了腐蚀的进行,与干净大气的冷凝水膜相比,被海雾周期饱和的空气能使钢的腐蚀速度增加8倍。

输气臂按照输送液态介质挥发性气体(VOC)管道所用材料分为碳钢输气臂、不锈钢输气臂、衬四氟输气臂等。考虑经济因素,不论何种管道材质的输气臂,其结构件的材料均以碳钢件为主,如立柱、支撑箱、绳轮传动系统、配重平衡材料等绝大多数选用碳钢材料,输气臂的仪器仪表壳体均采用不锈钢材料。除内河使用的输气臂外,大多数输气臂是在沿海高湿热及盐雾环境下使用,为达到输气臂预期的使用寿命,研究输气臂高湿热下的表面处理尤为重要。

3.3.2 输气臂在海洋环境下涂层防护工艺及试验

3.3.2.1 环境分类及涂层体系

输气臂在沿海高湿热盐雾环境符合ISO12944-2中的C5-M类,输气臂的使用年限至少为15年以上,为长期使用。

《港口机械钢结构表面防腐涂层技术条件》(JT/T 733—2008)规定了在对应环境下防腐油漆配套体系提出了明确要求,如表3.3、表3.4所示。

外表面涂层配套体系　　表3.3

编号	腐蚀环境	涂　层	涂料品种	道数/最低干膜厚度(μm)
01	C5-M	底涂层	环氧富锌底漆	1/60
		中间涂层	环氧厚浆漆	2/150
		面涂层	聚氨酯面漆	2/80
	总干膜厚度			290
02	C5-M	底涂层	环氧富锌底漆	1/70
		中间涂层	环氧厚浆漆	2/150
		面涂层	氟碳面漆	2/60
	总干膜厚度			280

涂层性能　　表3.4

腐蚀环境	防腐寿命(年)	耐水性(h)	耐盐水性(h)	耐化学品性(h)	附着力(拉开法,MPa)	耐盐雾性(h)	人工加速老化(h)
C5-M	15及以上	240	240	120	≥3.0	3000	3000

技术要求:
(1)耐水性、耐盐水性、耐化学品性能涂层试验后不生锈、不起泡、不开裂、不剥落,允许变色和失光;
(2)耐盐雾性涂层试验后不起泡、不剥落、不生锈、不开裂;
(3)人工加速老化性能试验后涂层不生锈、不起泡、不剥落、不开裂、不粉化,允许2级变色和2级失光

3.3.2.2　工艺要求

1)钢材表面除锈

钢材的磨料、除锈、表面粗糙度要求如下:

(1)喷射清理用金属磨料应符合《涂覆涂料前钢材表面处理　喷射清理用金属磨料的技术要求导则和分类》(GB/T 18838.1—2002)的要求。

(2)根据表面粗糙度的要求,选用合适粒度的磨料。

(3)热喷锌、喷铝,钢材表面处理应分别达到现行GB/T 8923规定的Sa21/2、Sa3级。

(4)环氧富锌底漆,钢材表面处理应达到现行 GB/T 8923 规定的Sa21/2级。

(5)不便于喷射除锈的部位,手工或动力工具除锈至 GB/T 8923 规定的 St3 级。

(6)钢材表面粗糙度为 Ra30 ~ 75μm,且表面粗糙度不大于涂层总厚度的 1/3。

2)表面处理后涂装的时间限定

当处理过的表面干燥且无油、无灰情况下,须立即喷涂预处理车间底漆作为钢材的短期防护。二次表面处理后在无污染的情况下或者任何可见的表面损坏发生前(一般为 4h),施工底漆作为防护。具体时间根据涂料厂家涂料使用说明书确定。

3)施工环境要求

施工环境温度 5 ~ 38℃,空气相对湿度不大于 80%,并且钢材表面温度大于露点温度 3℃;严禁在雨、雪、雾、大风和较大灰尘的条件下进行户外施工;低温(5℃以下)施工时采用相应的低温固化型涂料。

4)涂装工艺

(1)涂装方法包括:

①大面积喷涂应采用高压无气喷涂施工。

②焊缝、棱角沟槽、边角、流水孔等不易涂装的角落部位应采用刷涂或辊涂进行手工预涂处理,然后再进行大面积喷涂。

③细长、小面积以及复杂形状构件可采用空气喷涂或刷涂、辊涂施工。

(2)按照设计要求和材料工艺进行底涂、中涂和面涂的施工。每道涂层的涂装间隔时间应符合材料供应商的有关技术要求。超过最大涂装间隔时间时,应进行表面拉毛处理后涂装。

(3)现场末道面漆涂装前应进行:

①对运输和装配过程中破损处进行修复处理。

②采用淡水、清洗剂等对待涂表面进行必要的清洁处理,除掉表面灰尘和油污等污染物。

③检验试验涂层相容性与附着力,整个涂装过程中要随时注意涂装有无异常情况。

5)涂层要求

(1)外观

涂料涂层表面应平整、均匀一致,涂层应无漏涂、起泡、针孔、裂纹、返锈等异常现象,允许有轻微橘皮和局部轻微流挂。

(2)厚度

施工中随时检查湿膜厚度,以保证干膜厚度满足设计要求。干膜厚度采用"85-15"规则判定,即允许有15%的读数可低于规定值,但每一单独读数不得低于规定值的85%。涂层厚度达不到设计要求时,应增加涂装道数,直至合格为止。涂膜厚度测定点的最大值不能超过设计厚度的3倍。

(3)附着力

附着力试验采用拉开法测试,按《色漆和清漆拉开法附着力试验》(GB/T 5210—2006)的规定进行,涂层体系与底材的附着力及层间附着力不小于3 MPa。

(4)耐久性试验

对涂层进行24h中性盐雾试验,漆膜表面无起皮、漆膜厚度无变化。

建议按照《港口机械钢结构表面防腐涂层技术条件》(JT/T 733—2008),对输气臂按照C5-M级选用JT/T 733—2008中表1涂层体系是适宜的,只要严格按照涂漆工艺施工,可满足输气臂在沿海高湿热及盐雾环境下长期防护的要求。

3.4　输气臂的安全流速

笔者查阅了大量国内外资料文献,对液体的安全流速论述很多,对油气的安全流速的论述几乎没有,笔者采取类推法探讨输气臂的流速问题。

静电是由于不同的两种和两种以上的物质(如油气与油气之间、油气与管线之间)的接触、分离或相互摩擦而产生的。也就是两物质之间发生的电子转移,使两种物质分别带正电和负电。当具备一定的条件时,带有不同种静电电荷的物质之间就会发生放电,产生火花,即所谓的静电火花。而码头油气回收过程中的船舶油舱产生的油气,无论是汽油、燃料油、液化石油气还是苯类化学气体在输送过程中都容易产生静电。油气在输气臂中产生静电的情形主要是由于油气在输气臂的管道中高速流动,自然会因摩擦产生静电。产生静电的大小与油气在管道中产生摩擦阻力的大小有关,摩擦阻力的产生与管道直径、油气密度、流速等有关,对于码头油气,在其密度一定、管道直径确定的前提下,控制油气流速是关键因素。

根据国内外液体安全流速,以装卸汽油为例,按照现行《散装液体化工产品港口装卸技术要求》(GB/T 15626),正常作业流速不宜超过3m/s,汽油的密度为720kg/m^3,油气浓度为850～1480g/m^3。

根据一般的经验,摩擦力 = 受力面积 × 介质密度 × 流速,在相同的管径(也即受力面积)下,产生相同摩擦力。由于油气的密度较小,所以允许的流速就较大。也即同样安全的静电量,油气的流速较大。

根据《化工管道设计手册》中对气体流速的规定。气体在低压下允许流速 10 ~ 20m/s;压缩空气在口径大于 DN70mm 时,允许流速 15m/s。蒸汽、过热蒸汽在口径大于 DN100mm 时,允许流速 25 ~ 60m/s。

根据交通运输部水规院油气回收研究小组推荐的《码头油气回收建设规模》相关研究提出,输气臂推荐的最小口径为 DN100mm,推荐的流速为 15m/s,与化工管道设计手册中对气体流速的规定相比,应当在安全的流速范围内。

既然油气在输气臂中能够产生静电,在满足油气爆炸浓度极限及静电累积到闪爆条件下可能就会爆炸,造成不可估量的损失,因此,必须消除静电,才能确保输气臂及油气回收设备的安全。

目前,世界各国控制流速的标准尚不统一,对防静电措施,有很多规范或标准:

(1)API2003-1991 防止静电、闪电和杂散电流引燃的措施。

(2)NFPA77-1993 关于处理防静电措施的建议。

(3)BS5958-1991 防静电技术规范。

(4)AS1020-1970 南澳大利亚静电规范。

(5)静电安全指南(日),1988。

(6)国际油轮和油码头安全指南(第三版)。

(7)ICS(International Shipping Federation)国际海运联盟。

(8)OCIMF(Oil Companies International Marine Forum)石油公司国际海事论坛。

(9)IAPH(International Association of Ports and Harbours)国际港口协会。

(10)《防止静电事故通用导则》(GB 12158—2006)。

上述的标准或规范基本上都是以液体介质为对象,对挥发气体论述较少。借鉴液体静电的防范规范经验,对输气臂建议采取以下处理措施,仅供参考:

(1)输气臂进行静电接地,接地电阻小于 10Ω。

(2)输气臂回转接头处跨接静电导电带,导流杂散电流。

(3)输气臂三维接头处,安装绝缘法兰,阻断输气臂与船舶静电流通。

对输气臂系统设计关键参数,汇总见表 3.5。

输气臂关键参数汇总表　　　　表 3.5

<table>
<tr><th colspan="2">参数类别</th><th>参 数 名 称</th><th>参 数 值</th><th>备 注</th></tr>
<tr><td colspan="2" rowspan="7">设计规格参数</td><td>公称直径</td><td>DN100 ~ DN500</td><td>依据水规院《码头油气回收建设规模》</td></tr>
<tr><td>介质名称</td><td>汽油气</td><td>依油品性质确定</td></tr>
<tr><td>设计压力</td><td>-0.06 ~ 0.1MPa</td><td>依介质蒸汽压确定</td></tr>
<tr><td>设计温度</td><td>-20 ~ 150℃</td><td>依介质蒸汽压确定</td></tr>
<tr><td>设计流量</td><td>≤15m/s</td><td>依据水规院《码头油气回收建设规模》</td></tr>
<tr><td>管道材质</td><td>20 号</td><td>依介质确定,可为其他金属材料</td></tr>
<tr><td>操作方式</td><td>液动</td><td></td></tr>
<tr><td colspan="2" rowspan="3">紧急脱离装置参数</td><td>脱离时间</td><td>5 ~ 30s</td><td>依 HG/T 21608 规范</td></tr>
<tr><td>可靠脱离试验次数</td><td>10 次连续有效测试</td><td>依 HG/T 21608 规范</td></tr>
<tr><td>抬升高度</td><td>>2m</td><td>依 HG/T 21608 规范</td></tr>
<tr><td rowspan="8">系统要求参数</td><td>控制系统</td><td>信号与总控连接</td><td>以太网通信或
开关量信号</td><td>依建设工程要求</td></tr>
<tr><td rowspan="2">法兰连接</td><td>岸端连接法兰</td><td>系统化标准接头</td><td>依建设工程要求</td></tr>
<tr><td>船端连接法兰</td><td>标准接头</td><td>依建设工程要求</td></tr>
<tr><td rowspan="2">安全性(工作范围报警)</td><td>内外臂最大展开角</td><td rowspan="2">达到包络范围的 80% 一级报警;90% 二级报警;超出包络范围 ERC 脱离</td><td>依建设工程要求</td></tr>
<tr><td>水平转动角度</td><td>依建设工程要求</td></tr>
<tr><td rowspan="3">耐腐蚀性</td><td>耐盐雾环境腐蚀</td><td>底漆:环氧富锌;中间漆:环氧云铁;面漆:聚氨酯</td><td>工程实践和 JT/T 733—2008 要求</td></tr>
<tr><td>内部介质腐蚀</td><td>管道采用 20 号钢</td><td>依介质确定腐蚀余量</td></tr>
<tr><td>密封件材质</td><td>聚四氟乙烯</td><td>工程实践</td></tr>
<tr><td colspan="2" rowspan="4">机械强度参数</td><td>配重荷载</td><td>保证内外臂平衡
并有复位趋势</td><td>依 HG/T 21608 规范</td></tr>
<tr><td>抗风</td><td>工作状态≤20m/s;
复位状态≤60m/s</td><td>依 HG/T 21608 规范</td></tr>
<tr><td rowspan="2">防静电</td><td>静电接地装置</td><td>依 HG/T 21608 规范</td></tr>
<tr><td>绝缘法兰</td><td>依 HG/T 21608 规范</td></tr>
</table>

续上表

参数类别	参 数 名 称	参 数 值	备 注
可选项(提高耐久性和可靠性)	接近开关	进口/国产	依工程实践应选用可靠性高的品牌产品
	接近开关接头	进口/国产	
	防爆电磁阀	进口/国产	
	齿轮泵	进口/国产	
	蓄能器	进口/国产	
	液压接头	进口/国产	

第4章 码头油气回收船岸界面安全装置

根据《码头油气回收设施建设技术规范(试行)》(JTS 196-12—2017)中2.0.4的定义,船岸安全装置(Dock-to-Ship Safety Units)是指:为保护船舶、码头和油气回收装置安全,设于油气收集装置和油气输送装置之间的装置。一般由截止阀、止回阀、压力传感器、电磁阀(辅助释放)气液分离器、含氧量传感器、VOC测定仪、温度传感器、阻火器、惰化系统等组成。

《码头油气回收设施建设技术规范(试行)》(JTS 196-12—2017)对船岸安全装置在工艺及检验等多方面作了规定,4.3.3船岸安全装置的进气端应与油气收集装置连接,出气端应与油气输送装置连接。船岸安全装置的设计应满足相关行业标准的要求,并应符合下列规定:

(1)管道、管件应根据油气回收的设计规模、油气品种、工况条件及船舶和码头安全保障要求等确定。

(2)船岸安全装置应在进气端、出气端之间的管道上按照顺序和操作要求安装紧急切断阀、压力/真空释放阀、气液分离器、防轰爆型阻火器等管件以及惰性气体管道接入点。

(3)船岸安全装置的油气浓度、含氧量、压力、温度、流量等监测信号,以及紧急切断阀、压力/真空释放阀、气液分离器、防爆轰型阻火器和惰性气体管道等工作状态信号,应与油气回收总控系统通讯和联锁。船岸安全装置可根据要求采集其他保障装置安全的信号。

(4)船岸安全装置可设置用于连接船舱溢流信号线的插座,插座应满足相关要求。

(5)船岸安全装置的自动控制系统、监测报警系统应能自控或遥控,对油气回收系统开启和关闭、船舶压力和含氧量异常、油气回收系统故障、人员误操作、静电等设置应急控制动作。装置的控制应满足以下要求:管道运行压力高于或低于船舶设定的超压或超真空状态规定时,压力/真空释放阀泄压,延时超压时自动关闭切断阀,同时开启电磁阀;管道内油气含氧量体积比高于6%时报警,并同时开启阀门补入惰性气体。含氧量体积比高于8%时,系统自动关闭紧急切断阀,同时开启电磁阀实施紧急排放;电动切断阀在30s内完成关闭/开启;船舶溢油等事故处置信号可实现联锁。

(6)船岸安全装置的含氧量传感器安装位置与进气端的距离应不大于6m,防爆轰型阻火器出口位置与进气端的距离不应不大于18m。

(7)船岸安全装置应在进气端压力传感器和切断阀之间布置排气管。排气管顶端应安装压力/真空释放阀和电动卸载阀,并应符合以下规定:压力/真空释放阀排气口垂直布置,电动卸载阀排气管口采用90°弯头形式且不得朝向邻近设备或人行通道;采用软管进行油气收集的油码头,排气口高度距码头地面不少于3m;采用输油臂作业的油码头,排放管附近8m范围内平台建筑物有建筑物时,排气口高出建筑物顶端3m以上,且不妨碍输气臂运动轨迹;压力阀开启时任何时间排气速度不小于30m/s;寒冷地区压力/真空释放阀有防冰措施。

并且船岸安全装置的检验和验收应符合下列规定:

(1)安装的管件按照顺序,管道垂直、水平度应满足要求。

(2)电气设备、仪器仪表效用试验应满足有关船岸安全装置的规定。

4.1 船岸界面安全装置功能、设备结构、主要技术参数

4.1.1 主要功能

《码头油气回收设施建设技术规范(试行)》(JTS 196-12—2017)及MSC/Circ.585通函《关于气体排放控制系统标准》中2.3条、美国海岸警卫队《油气控制安全规范》33cfr 154子部分中154.814条中都非常明确提出“船舶油蒸汽超压和真空保护设施要求”,所以船岸界面安全装置的主要功能之一就是对作业船舶油气管道的压力保护。

同时,MSC/Circ.585通函《关于气体排放控制系统标准》中2.4条及美国海岸警卫队《油气控制安全规范》中33cfr 154子部分154.820条中都非常明确地提出“火灾、爆炸和爆炸的保护等要求”,因此,该装置的第二个主要功能就是预防火灾和爆炸的发生,并且能够在火灾和爆炸时起到安全隔离的作用。

船岸界面安全装置的主要功能即用于保护船舶作业安全和码头油气回收系统安全。一方面避免作业船舶油气管道产生的高压、负压和回火造成的危害,对下游油气管道和油气回收设备起到保护作用;另一方面可避免码头油气回收系统发生火灾、爆炸等危害或次生危害对船舶影响,且能将信号有效传输给作业船

舶和油气回收处理系统。

4.1.2 装置结构

为实现以上三个主要功能，该装置必须具备压力保护装置、紧急切断装置（能够实现防火、阻火、阻爆）、防爆控制装置等。MSC/Circ. 585 通函《关于气体排放控制系统标准》和美国海岸警卫队《油气控制安全规范》子部分 33cfr 154 对本装置目前在国际上的使用结构有着明确的描述，常见的是撬装设计，如图 4.1所示。

图 4.1 美国撬装船岸安全界面安全装置

通过图 4.1 并结合 MSC/Circ. 585 通函《关于气体排放控制系统标准》和美国海岸警卫队《油气控制安全规范》子部分 33cfr 154 中对装置的要求，压力保护装置包括压力/真空释放阀、压力传感器等；紧急切断装置包括扯断阀、阻火器（爆轰式）、氧含量分析仪、气液分离（过滤）器等；防爆控制装置包括防爆电控箱、报警器（声、光）、惰化系统、温度传感器等。

通过对 USCG（United State Coast Guard，美国海岸警卫队）的码头油气回收安全设备规范及美国成熟的设备生产技术要求、设备安装要求与经验的研究、分析，再结合我国的相关规范，建议船岸界面安全装置的设备结构形式为撬装设计，便于现场安装，主要的结构和配置必须满足三个基本功能要求：压力保护，紧急切断（能够实现防火、阻火、阻爆），防爆控制装置。详细的结构形式见图 4.2。

（1）防误接定位销：当撬装装置与船岸界面安全装置使用软管连接时起到防误接作用。

（2）绝缘结构：撬装装置进口设置一个绝缘结构，使本装置与船岸界面安全装置连接和后续回收管线做电气隔离。

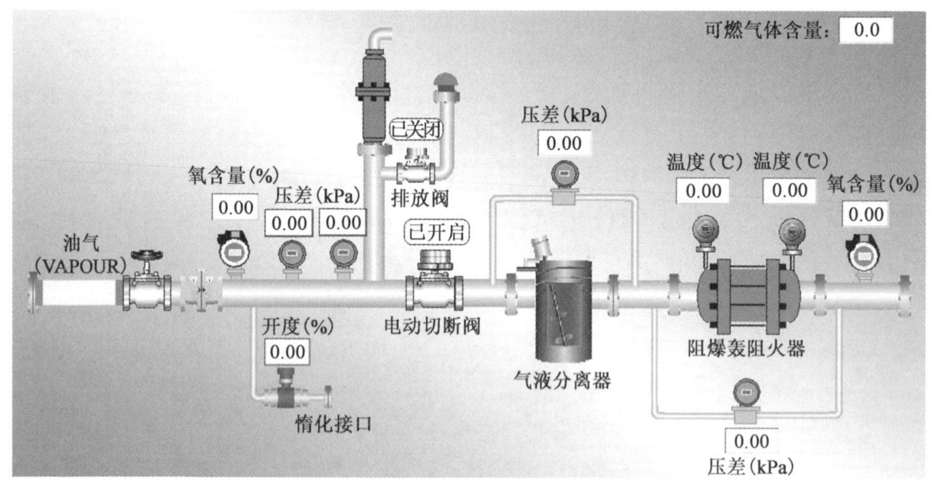

图4.2 船岸界面安全装置工艺流程图

(3)单向止回阀:防止气体逆向进入船体。

(4)氧含量检测仪:检测管线中氧含量。

(5)防爆电控柜:正常工作时,起到输送和接收信号作用。紧急情况时进行报警和就地控制,起到船岸隔离的作用。

(6)气液分离器:用于气液分离。

(7)差压变送器:检测部件两端压力差,提供故障预警。

(8)温度变送器:检测部件温度变化。

(9)阻爆轰型阻火器:当一端发生事故,阻断火源和爆炸以保护管线。

(10)流量计:测量管路介质流量。

(11)底座:支撑整个撬装管线,与码头相连。

(12)接地:预留接地位置。

(13)预留管路:管线接入。

(14)废油箱:收集气液分离器中分离出的废液。

(15)桥架:整个撬装装置的线路通道。

(16)电动球阀:当管路中氧含量超标时自动关闭。

(17)钢丝网:防止异物进入管线对管线造成影响。

(18)电磁阀:当管线超压且压力/真空释放阀出故障时自动开启。

(19)压力/真空释放阀:管线超压自动释放压力。

(20)压力变送器:检测管线压力并提供压力信号。

(21)压力表:检测管线压力并对压力变送器进行复检。

(22)VOC 检测仪:检测管线中 VOC 含量。

与国外的安全装置相比较,本书提出的装置主要增加了单向止回阀、防爆电磁阀等元件。

另外,船岸界面安全装置还有附属设施,包括惰化系统等。

惰化系统作为船岸界面安全装置的附属设施,主要功能用于改善船舶收集蒸汽的组分,控制该蒸汽中的氧气体积含量或碳氢化合物气体体积含量,以达到安全作业的目的。该设施的供应液化气或惰性气体气体管道与船岸界面安全装置连通。

4.1.3 主要技术参数

该装置是码头油气回收的关键设备之一,保护船舶作业安全和码头油气回收系统安全,它的操作可靠性、安全性、运行经济性等对整个码头油气回收设施的运行具有重要的作用。由于船舱泄漏或不可预测的原因,来自船舶本身有可能会产生超压(正压和负压超标)、氧含量超标等。该装置在装卸现场出现紧急(失火、压力异常、氧含量超标)情况下能够使船舶和码头油气回收系统快速分离等,从而保护现场环境,保障人身安全,减少事故和损失。

目前不论是 MSC/Circ. 585 通函《关于气体排放控制系统标准》还是美国海岸警卫队《油气控制安全规范》33cfr 154 子部分中都对压力提出了明确要求,对于非惰化船,陆上油气回收处理系统能够维持液货舱压力在真空释阀放最低设定压力为 -3.5kPa 和压力释放阀的最低设定压力 14kPa 之间。

氧含量参数的提出,按照国际海事组织安全规定,船舱油气氧含量达到 8% 爆炸极限不得上岸。参考国际法律、法规,USCG 对船岸界面安全装置的技术参数要求,对照国外码头船岸界面安全装置的主要技术参数,结合我国现有码头货油装船的安全管理要求,提出船岸界面安全装置的主要技术参数要求。具体见表 4.1。

船岸界面安全装置设计参数表 表 4.1

项　　目	参　数　值
公称通径	DN100 ~ DN400
介质名称	汽油气、石脑油气、原油气及部分化学品
工作压力	-0.06 ~ 0.1MPa
设计压力	-0.06 ~ 0.1MPa
强度试验压力	2.0MPa

续上表

项　　目	参　数　值
密封试验压力	0.6MPa
工作温度	-20~150℃
设计温度	-20~150℃
设计流速	≤15m/s
最大设计风速	60m/s

4.2　船岸界面安全装置设计方案

4.2.1　适用范围与规格

我国现有沿海港口150余个(含长江南京及以下港口)几乎每个港口都有液体化工装卸码头,不同地域的港口有不同的现场环境和装卸条件,总体呈现北方温度低,南方潮热盐分大腐蚀性强的特点。下面分别以辽宁营口港作为北方港口、海南洋浦港为南方港口的典型代表,介绍我国南北方港口码头的不同自然条件,并提出极端条件下船岸界面安全装置的设计原则。

其中,辽宁营口港的年平均气温约为9.8℃,其中1月平均气温-11~-8.5℃,最低气温可达-37.9℃;7月平均气温24~25℃。营口港年平均降水量为650~700mm,无霜期有165天。营口港核心港区鲅鱼圈港区位于冰情较严重的辽东湾东部,一般11月中旬初见冰,终冰在翌年3月初,平均冰冻期95天,严重冰冻期68天,实际结冰期84.5天。港区近海海域以流冰为主,近岸的浅水地带则为固定冰。流冰往往由薄冰、厚冰组成,并有堆积现象,平均冰厚1月为5~10cm,2月为10~15cm。营口港属于不规则半日潮,潮位及高程采用鲅鱼圈理论深度基准面,在黄海平面下2.038m。鲅鱼圈港区历年最大潮差4.23m,最小潮差0.71m,平均潮差2.56m。老港区最大潮差4.48m,最小潮差0.13m,平均潮差2.71m。

海南洋浦港属热带季风气候,年平均气温24.7℃,7月气温最高,平均气温29.3℃,1月最低,平均温度18.9℃,极端最高气温38.7℃,最低气温4.9℃。洋浦港年平均降水量1113.8mm,5—10月雨水较多,11月至翌年4月为旱季,年平均降雨日数为100.8天。洋浦港的雨量集中在夏季,多以午后的热雷雨为主,偶尔有台风靠近或登陆时还会带来暴雨天气。每年5—10月为洋浦港台风季节,年平均有3～4次台风入侵,风力达10～11级,风速平均为33.2m/s。洋浦港的年平均蒸发量1834mm,平均相对湿度85%。全年日照时间长,辐射能量大,年平均日照时数2000h以上,太阳辐射量可达11万～12万卡。洋浦港属于正规全日潮港,最高潮位4.06m,最低潮位0.24m,平均潮位1.91m,最大潮差为3.60m。

在船岸界面安全装置的设计过程中,必须充分考虑温度、风速等极端天气对船岸界面安全装置的影响。在北方寒冷地区计算船岸界面安全装置自重时应根据当地的气候条件计算结霜层(密度按800kg/m^{3}计)重量。船岸界面安全装置的电气控制系统由低压电器、熔断器、交流接触器、剩余电流动作保护器、电容器及计量表等组成。电气控制系统的周围空气温度的上限一般要求不能超过60℃,周围空气温度的下限一般要求不低于-25℃。对暴露在自然环境下的电气元件,如压力传感器、温度传感器、氧含量测试仪、防爆电磁阀、流量计等,还应考虑抗雨水浸蚀,电气元件的防护等级要求高,还应在使用前进行试验确认可靠,同时还应考虑避雷措施。船岸界面安全装置设计时应考虑极限风速状态,工作状态时最大风速20m/s,复位状态时最大风速60m/s,应该按照以上风速大小对船岸界面安全装置的受风面进行风荷载计算。在台风较多的福建沿海、广东沿海,必须考虑船岸界面安全装置受台风的影响,一般设计按照当地出现的最大风速计算。

对于装置规格,舟山兴中原油码头、泉州青兰山成品油码头、泉州外走马埭成品油码头设计使用了专用输气臂。舟山兴中公司输气臂、中化泉州公司输气臂配置分别如表4.2和表4.3所示。

交通运输部码头油气回收示范点
——舟山兴中公司输气臂配置表　　表4.2

序号	泊　位	口径/数量	设计压力(MPa)	设计温度(℃)	输送介质
1	1#-250000DWT	DN400/1	-0.0035～0.14	-5～60	原油油气
2	2#-80000DWT	DN300/1	-0.0035～0.14	-5～60	原油油气

中化泉州公司输气臂配置表　　表4.3

序号	泊　　位	口径/数量	设计压力(MPa)	设计温度(℃)	输送介质
1	青兰山3#-100000DWT	DN200/1	-0.0035～0.14	-5～60	汽油油气
2	青兰山5A#-3000DWT	DN100/1	-0.0035～0.14	-5～60	汽油油气
3	青兰山5B#-3000DWT	DN100/1	-0.0035～0.14	-5～60	汽油油气
4	青兰山5#-30000DWT	DN200/1	-0.0035～0.14	-5～60	汽油油气
5	青兰山6#-10000DWT	DN150/1	-0.0035～0.14	-5～60	汽油油气

续上表

序号	泊　位	口径/数量	设计压力(MPa)	设计温度(℃)	输送介质
6	外走马埭 2#-3000DWT	DN100/1	-0.0035 ~ 0.14	-5 ~ 60	汽油油气
7	外走马埭 3#-3000DWT	DN100/1	-0.0035 ~ 0.14	-5 ~ 60	汽油油气
8	外走马埭 4#-3000DWT	DN100/1	-0.0035 ~ 0.14	-5 ~ 60	三苯气
9	外走马埭 5#-3000DWT	DN100/1	-0.0035 ~ 0.14	-5 ~ 60	三苯气
10	外走马埭 6#-3000DWT	DN100/1	-0.0035 ~ 0.14	-5 ~ 60	混合二甲苯—甲苯
11	外走马埭 7#-3000DWT	DN100/1	-0.0035 ~ 0.14	-5 ~ 60	汽油油气
12	外走马埭 8#-3000DWT	DN100/1	-0.0035 ~ 0.14	-5 ~ 60	汽油油气

通过对表 4.2 和表 4.3 的统计分析，结合我国沿海港口分布的实际情况，选取了 DN100 规格的船岸界面安全装置为例。

4.2.2　装置设计

通过适用范围研究和码头输气臂的分布情况，以 DN100 规格的船岸界面安全装置的设计为例，下面分别对该装置的主要部件进行设计。

4.2.2.1　压力真空释放阀

船岸界面安全装置在靠近接入口段配置一只压力/真空释放阀，排气出口距地面不能小于 3m，出气口水平，以减少雨水等进入管线。在设备选取时要求设计装载速率和装卸速率均为 500 m^3/h，通过对增长因素和管阻的计算，计算压力阀的排气量为 656 m^3/h、真空阀的排气量为 525 m^3/h，来满足保压和传输的要求。压力/真空释放阀对于压力的设定，因考虑保持船舶压力为真空安全阀最大压力值的 80% 和管线的压力降，对于前方连接方式（输气臂或软管）的不同，设定的压力是有差别的。因本次为样机的研究，故将压力阀开启压力暂定为 14kPa，真空阀开启压力暂定为 -3.5kPa，来检测压力/真空释放阀在超压时对管线压力保护所起到的作用。为保证在超压和发生危险时能够快速地泄压，高速排气口出口气体流速在压力阀开启时任何时候都不小于 30m/s。在真空阀大气入口处设置防火网，能制止外界火焰进入管线，安全间隙不大于 0.9mm。

为保证压力/真空释放阀本身的安全性和适用性，建议要有 CCS 认证。

国内国际对于码头油气回收设施中压力真空释放阀的要求可根据《码头油气回收设施建设技术规范（试行）》（JTS 196-12—2017）相关要求及美国《海岸警卫队油气控制安全规范》33cfr44 子部分。其中 33cfr44 子部分“154.824 船舶油蒸汽超压和真空保护设施要求”中提到的“一个设施的蒸气收集系统必须有能力收集货物蒸汽并保证速度不低于1.25倍的设施的最大传输速率”“一个设备蒸汽收集系统必须维持船舱内的压力,保持船舶压力为真空安全阀最大压力值的80%,或者无内在货舱船舶的压力为船舶压力阀的80%”“在真空排气口安装防火网”和《石油化工管道布置设计通则》(SH 3012—2000)要求“顶端排气出口中心线距周围10m范围内的最高建筑物不小于3.5m”。

4.2.2.2 气液分离器

船岸界面安全装置在阻火器前设置了气液分离器,用于消除蒸汽中的凝结油和水,额定处理量为500m^3/h,分离效率98%(大于10μm),也具有一定的去除管线中杂质的能力,最高处理能力为0.01μm。为达到报警效果,在气液分离器中设置一高液位和一高高液位的液位检测传感器,当液位达到时传输信号至中控来进行预警和报警,并在下方设置了排放口,用于排放收集的凝结油和水。为了减少整个管线的压力降,在气液分离器设计时要求在额定流量下自身的压力降不大于1kPa。当惰化时,油气和惰化气体能够在通过气液分离器时得到一定的混合,为后方的氧含量检测仪的数据准确性提供一定的保证。

为保证气液分离器本身的安全性和适用性,必须是要特种设备制造检验证书。

国内国际对于码头油气回收船岸安全装置中气液分离器的技术要求可依据《码头油气回收设施建设技术规范(试行)》(JTS 196-12—2017)相关要求及美国《海岸警卫队油气控制安全规范》相关要求。如美国《海岸警卫队油气控制安全规范》33cfr44 子部分《154.808 油气控制系统综述》的规定要点:“必须提供一种手段来消除从船或者经过浓缩产生的从蒸汽收集系统中来的任何浓缩液体。”一个液体分离罐必须具有:液位观测;高液位传感器。激活警报;高液位传感器,可以通过信号远程关闭作业。

4.2.2.3 阻火器

船岸安全界面装置在距接收端不超过18m且尽量在靠近出口端处配置一防爆轰型双向管道阻火器,一旦船舶、油气回收管线或者后续的油气处理系统任意一方发生火险,此阻爆器都可以起到阻止火焰传播的作用,阻止风险的进一步扩散。

因油气从船舱出时的最大压力为14kPa,在回收过程中通过前方的输气臂或软管等管线时要具有一定的压降。为保证在油气在后方具有良好的流动性,故要降低阻火器的阻力，因此将阻火器阻火部件直径加大，将压力降控制在0.3kPa以内，从而达到降低压力降的效果，而加大的阻火器尺寸在惰化时，油气和惰化气体能够在其中充分地混合，为后方的氧含量检测仪的数据准确性提供一定的保证。

管道阻火器不耐长时间燃烧，因此在阻火器两端各设置了一个温度传感器，当一方发生燃烧，传感器显示的温度在瞬间会有明显的差异，当温度差达到80℃时，中控系统发出关阀停止作业指令，进一步减少风险。

国内国际对于码头油气回收船岸安全装置中阻火器的技术要求可依据《码头油气回收设施建设技术规范(试行)》(JTS 196-12—2017)及美国《海岸警卫队油气控制安全规范》相关要求。如美国《海岸警卫队油气控制安全规范》33cfr44 子部分 154.820“有爆炸避免装置并距离设备蒸汽连接不超过 18m”及154.822“能够阻隔装置任意一侧的爆炸”等。

4.2.2.4 切断阀

国内国际对于码头油气回收船岸安全装置中切断阀的技术要求可依据《码头油气回收设施建设技术规范(试行)》(JTS 196-12—2017)及 MSC/Circ.585 通函等相关要求。如 MSC/Circ.585 通函《关于气体排放控制系统标准》2.2.1 条对切断阀有着明确的要求：“在每一岸站蒸汽接收连接端附近应设置一个货物蒸汽遥控切断阀，该阀应满足：(1)位于惰气、高浓度燃气或低浓度燃气被引入到蒸汽管路上的任一位置与岸站蒸汽接收连接端之间；(2)能够手动操作或手动激活；(3)有可见而容易作业的阀门操作位置；(4)防火。”同时，美国海岸警卫队《油气控制安全规范》33cfr 154 子部分 154.810 条中对切断阀也有着详细的技术要求：“一个远程操作货物蒸汽截止阀必须安装在油气收集线上，在设备油气连接和最近的汽点可见，任何惰化、丰富、或稀释气体引入蒸汽收集线或者一个爆炸防止装置启动时。阀门必须：

(1)当满足本子部分要求的停车条件时必须在 30s 内关闭。

(2)如果控制信号丢失则自动关闭。

(3)当接收关闭信号，警报器激活。

(4)能够手动操作或手动激活。

(5)具有设备安装点的阀位指示器等。

(6)如果阀门装有弹性材料，当弹回装置被破坏或者毁坏时不允许明显的泄漏。”

船岸安全界面装置中配置的切断阀的具体要求见表4.4。

切断阀数据表　　表4.4

用　途	切断油气输送
操作方式	电动/气动调节,可手动操作,失去信号时自动关闭
介质	汽油、航煤、邻二甲苯、混二甲苯等
介质流量	200~800m^3/h
工作温度	-20~50℃
工作湿度	15%~95%RH
阀体材质	CF8
阀芯材质	316
阀座材质	316
阀杆材质	316
填料材质	PTFE
连接形式/法兰标准	法兰式
噪声	<85dB(A)
泄漏等级	Ⅳ
公称通径	DN100
公称压力	PN2.0MPa
工作电压	220V　AC
输出信号	开关量
输入信号	开关量
防爆等级	ExiaⅡCT4
防护等级	IP65
防火等级	耐火30min(API 607)

4.2.2.5　氧含量分析仪

船岸界面安全装置中的氧含量分析仪可根据《码头油气回收设施建设技术规范(试行)》(JTS 196-12—2017)相关要求及美国海岸警卫队《油气控制安全规范》33cfr 154子部分154.824条进行设计,包括氧含量分析仪的安装方式、响应时间、采样点位置及使用温度等。

本书以 DN100 规格的船岸界面安全装置为例,主要技术参数要求见表4.5。

船岸界面安全装置主要设备及参数　　表4.5

序号	名　称	主 要 参 数
1	气液分离器	DN100,10μm 过滤精度,分离效率98%,PN2.0MPa,法兰连接
2	阻爆轰型阻火器	阻爆轰型,DN100,PN2.0MPa,适用于 IIA 级气体,碳钢壳体,阻火波纹板304 材质,法兰连接
3	真空压力释放阀	DN100,码头油气回收专用,压力设置不超过 14kPa,真空设置不超过3.5kPa,碳钢壳体,底座和密封环材质316,聚四氟密封垫
4	电动球阀	DN100,调节型,具备失电关闭功能,可手动操作或手动触发,碳钢阀体,阀芯和阀座材质为316,PN2.0MPa,法兰连接
5	手动蝶阀	DN100,碳钢阀体,PN2.0MPa,法兰连接
6	球阀	DN25,碳钢阀体,PN2.0MPa,法兰连接
7	差压变送器	测量范围 -37.4 ~ 37.4kPa
8	压力变送器	表压测量范围 -35 ~ 35kPa
9	温度变送器	配套传感器,测量范围不低于 -200 ~ 800℃
10	压力表	不锈钢材质,带安全玻璃和后泄压孔,测量范围 -0.06 ~ 0.1MPa
11	流量计	DN100,气体流量范围 317 ~ 4400m^3/h,PN2.0MPa,法兰连接
12	氧含量分析仪	测量范围 0 ~ 25%,响应时间不超过 30s
13	电磁阀	二位二通,常闭式
14	防爆电控柜	防护等级:IP55;防爆等级:ExdIIBT4

第5章 码头油气回收装置

5.1 主要标准依据

根据《码头油气回收设施建设技术规范(试行)》(JTS 196-12—2017)中2.0.6的定义,油气回收装置(Vapour Recovery Units)指采用吸收、吸附、冷凝、膜法等工艺或其组合工艺的方法,对油气进行回收处理的装置。该规范对油气回收装置在工艺及检验等多方面作了规定,具体包括:

4.3.5 油气回收装置设计应符合下列规定。

4.3.5.1 回收处理的尾气应符合现行国家油气排放相关标准的规定。

4.3.5.2 装置处理能力宜按液体货物装船体积流量的1.25倍确定。

4.3.5.3 回收处理工艺应根据油气的特性、现场条件和经济技术比较后确定,可采用吸收法、吸附法、冷凝法、膜法等工艺或其组合工艺。处理原油挥发气体时,应根据油气品种采取脱硫等预处理措施。

4.3.5.4 油气回收装置的管道进口处应设置流量、温度、压力、油气浓度检测仪表。进口油气浓度可根据装船油气挥发浓度计算确定。油气温度等设计参数应根据工程所在地气象条件确定。

4.3.5.5 油气回收装置应设置压力、真空释放装置。气体释放管可单独设置,也可与处理后的排气管共用一根管道。油气回收装置靠近油气输送装置的连接法兰处应设置截断阀和阻火器。当设置自动截断阀时应具备手动截断功能。

4.3.5.6 油气回收装置的排气管设置应符合下列规定:①排气管直径与主管道直径一致或小一个规格等级;②排气管管口高度根据油气排放强度确定,且高出地面15m及以上,并满足防火间距和环境保护要求;③排气管阻火器在操作方便的位置设置1个截断阀;④排气管管口安装挡雨帽。

4.3.5.7 油气回收装置应设置采样接口,采样接口应符合现行国家标准《储油库大气污染物排放标准》(GB 20950)附录B的要求。

6.2.5 油气回收装置的检验和验收应符合下列规定。

6.2.5.1　应进行各阀门通电检测和阀门动作检测。

6.2.5.2　应对设施进行24h连续运转及功能试验。

6.2.5.3　冷凝法油气处理装置连续运行试验时，制冷系统压力应满足设计要求，油气处理温度应维持在 -60 ~ 75℃范围内。

目前，油气回收装置常用的油气回收处理技术根据其基本原理可分为4种，即冷凝法、吸收法、吸附法及膜分离法，为了更好地回收油气，达到节能、经济、环保的目的，目前市场上出现了很多复合的工艺方法，比如冷凝 + 吸附法、硅胶 + 活性炭吸附法、膜 + 吸附法等。本书以吸附法、冷凝法为例介绍油气回收装置的相关技术要求。

5.2　主要工艺技术设计要求

5.2.1　油气回收设施内的管道器材选用

(1)管道宜采用无缝钢管。碳钢、合金钢无缝钢管应符合现行国家标准《输送流体用无缝钢管》(GB/T 8163)的有关规定；不锈钢无缝钢管应符合现行国家标准《流体输送用不锈钢无缝钢管》(GB/T 14976)的有关规定。

(2)油气管道用阀门应选用钢制阀门。

(3)弯头、三通、异径管、管帽等管件的材质、压力等级应与所连管道一致。

5.2.2　流量、温度、压力检测仪表

油气回收装置的入口管道应设流量、温度、压力检测仪表。

5.2.3　油气回收装置的尾气排放管道及其附件的设置

应符合下列规定：

(1)烃类尾气排放管高度不应小于4m。

(2)芳烃尾气排放管高度应符合现行国家标准《大气污染物综合排放标准》(GB 16297)的有关规定。

(3)尾气排放管道应设置采样设施。

(4)尾气排放管道应设置阻火设施。

5.2.4　油气回收设施内的管道流速确定

油气回收设施内的管道流速应根据需要控制的压降经过水力计算确定。管

道的经济流速可取下列值:气体的流速宜为 10 ~ 15 m/s,液体管道内介质的流速宜为 1.5 ~2.5m/s。

油气回收设施主管道内油气最大流速不超过 20m/s,主管道公称直径 DN 选取时应与码头装船流量相匹配,具体见表 5.1。

油气回收主管道直径选取表 表 5.1

最大发油量(m^3/h)	≤200	201 ~400	401 ~700	701 ~1000	>1000
主管道公称直径 DN	150	200	250	300	350

5.2.5 油气回收装置工艺设计

在进行油气回收装置工艺设计时,需要考虑前端油气输送系统的几点安全要求。包括油气收集的前端需要配套岸船界面安全装置,油气输送所采用的风机必须是防火花设计,油气输送风机的出入口根据现场配置位置选择安装相应工况的阻火器或阻爆器等。

油气回收装置工艺设计建议考虑如下关键内容:

(1)油气回收装置的设计规模宜为最大装船体积流量的 1.0 ~1.25 倍。

(2)油气回收装置的最大操作负荷不宜超过设计规模的 110%。

(3)油气回收装置的油气设计浓度宜取实测的最热月平均油气浓度。无实测数据时,可按下列方法确定:

①同类地区已建有油气回收装置时,新建油气回收装置的油气设计浓度可取同类地区已建装置最热月实测的平均油气浓度。

②同类地区无已建装置时,新建油气回收装置的油气设计浓度可按建设地区的最热月平均气温确定,并应符合下列规定:

a. 最热月平均气温高于 25℃的地区,油气设计浓度可取 40% ~45%。

b. 最热月平均气温在 20 ~25℃的地区,油气设计浓度可取 35% ~40%。

c. 最热月平均气温低于 20℃的地区,油气设计浓度可取 30% ~35%。

(4)吸收液的选用宜符合下列规定:

①回收汽油、石脑油、芳烃、航空煤油、溶剂油油气时,吸收液宜为低标号成品汽油、石脑油、溶剂油、柴油或专用吸收剂。

②只回收芳烃油气时,吸收液可选用芳烃。

(5)吸收塔的设计应符合下列规定:

①应为填料吸收塔。

②填料宜为低压降规整填料,压降不宜高于 1000Pa。

③填料层上、下段宜设置压力仪表,塔底液体段应设置液位监测仪表就地指示及远传控制室,并应采取液位控制联锁措施。

④吸收塔的设计压力不应低于 0.35MPa。

(6)活性炭的性能应符合下列规定:

①活性炭应为煤基活性炭。

②活性炭的比表面积不应低于 1000m^2/g。

③活性炭的表观密度不应低于 40g/100mL。

④活性炭的含水率不应高于 5%。

⑤活性炭对丁烷的吸附容量不应小于 30g/100mL。

⑥活性炭硬度大于 95%。

⑦活性炭的四氯化碳值大于 80%。

⑧活性炭的水分质量分数小于 2%。

(7)活性炭吸附罐的设计应符合下列规定:

①活性炭吸附罐不应少于 2 个。

②吸附罐内活性炭的总量应能满足设计规模、设计浓度下 15 ~ 20min 的油气吸附容量。

③活性炭吸附罐的上、中、下部均宜设置温度仪表、就地指示及远传控制室,并宜采取温度控制联锁措施。

④活性炭吸附罐床层的操作温度不应高于 65℃。

⑤活性炭吸附罐的切换阀门的泄漏等级不应低于 V 级。

⑥活性炭吸附罐的设计压力不应低于 1.0MPa。

(8)机泵的选用应符合下列规定:

①增压用压缩机宜选择液环式压缩机,制冷用压缩机宜选用往复式或螺杆式压缩机,制冷剂宜选择无氯环保型制冷剂,且应符合国家关于大气臭氧层保护的有关规定。

②真空泵可选择液环真空泵或螺杆式真空泵。

③液体输送泵宜选择离心泵。

④当操作负荷变化较大时,机泵宜采用变频调速装置。

⑤真空泵、压缩机、输送泵的进出口应设置压力仪表,压缩机和真空泵出口应设置温度仪表。

(9)换热器的设计应符合下列规定:

①换热器宜选择低压降的翅片式换热器或板式换热器,压降不宜高于 300Pa。

②换热器的进出口应设置压力和温度仪表。

③换热器的总传热系数不应低于50W/(m^2·℃)。

④换热器的设计压力不应小于2.5MPa。

⑤蒸发器宜采用不锈钢,冷凝器宜采用海军铜材质。

(10)低温冷凝单元设计应符合下列规定:

①低温冷凝单元宜采用单压缩机带双低温冷场的冷凝工艺。

②经低温冷场处理后的油气温度不应高于-70℃。

③低温冷场进出口应设置差压传感器。

④双低温冷场应根据差压自动切换,且切换时油气温度不应高于-60℃。

⑤冷凝回收的液态油品应能进行油水分离,并自动输送至目的地。

⑥制冷剂需采用环保型制冷剂。

(11)管道阻火器的选用应符合下列规定:

①应根据介质的火焰传播速度、介质在实际工况下的最大试验安全间隙值和安装位置,确定管道阻火器的类型和技术安全等级。

②管道阻火器的压降不应大于500Pa。

5.2.6 公用工程

1)给排水

(1)油气回收装置界区内宜设置地面冲洗水设施。冲洗用水宜采用生产给水或中水。

(2)油气回收装置含油污水应排入含油污水系统,排水出口处应设置水封。

(3)可燃气体的凝缩液不得排入含油污水系统。

(4)冷却用水宜采用循环水(水冷冷凝吸附工艺用)。

2)电、气

(1)油气回收设施的动力负荷等级可为三级负荷。

(2)油气回收设施的电力装置设计,应符合现行国家标准《爆炸和火灾危险环境电力装置设计规范》(GB 50058)的有关规定。

(3)油气回收设施的防雷设计应符合现行国家标准《建筑物防雷设计规范》(GB 50057)对第二类防雷建筑物的规定,并应符合现行国家标准《石油与石油设施雷电安全规范》(GB 15599)的有关规定。

(4)油气回收设施的防静电接地设计,应符合现行行业标准《石油化工静电接地设计规范》(SH 3097)的有关规定。

(5)油气回收设施的爆炸危险区域划分,应符合现行国家标准《石油库设计规范》(GB 50074)的有关规定。

(6)吸附吸收工艺需要配套的公用工程条件见表 5.2。

活性炭吸附吸收工艺需要配套的公用工程条件　　表 5.2

序　号	名　称	单　位	备　　注
1	电	kW	—
2	吸收剂	m^3/h	汽油、柴油等循环使用无消耗
3	仪表风	m^3/h	可选如果使用气动阀门则需要

(7)冷凝吸附工艺需要配套的公用工程条件见表 5.3。

冷凝吸附工艺需要配套的公用工程条件　　表 5.3

序　号	名　称	单　位	备　　注
1	电	kW	—
2	仪表风	m^3/h	气动阀门用,气压≥0.4MPa

5.3　设备材料仪表优化建议

系统化设计:码头油气回收设备设计涉及以下优化:

1)结构设计优化

码头油气回收设备设计中结构需要充分考虑现场安装条件的限制,尽量以撬装的形式进行设计。大型系统则充分考虑模块化撬装的模式,同时考虑运输和安装的便捷性。尤其是大部分的码头泊位安装油气回收装置时需要使用船吊,费用较高。大型的模块化设计能够有效节省安装时间和现场工程量。

2)产品系列化

成品油码头油气回收装置的设计要充分考虑产品系列化:

(1)在使用标准的活性炭吸附吸收工艺时处理选择为油品最大装载量(体积)的 1.2~1.25 倍。装置配置可以依据表 5.4 选择。

装 置 配 置 选 择　　表 5.4

设备规模(m^3/h)	撬 装 形 式
300	除吸附塔外整体撬装
500	除吸附塔外整体撬装
800	除吸附塔外整体撬装
1000	除吸附塔外整体撬装

续上表

设备规模(m^3/h)	撬装形式
1500	设备模块式撬装,现场对接
2000	设备模块式撬装,现场对接
2500	设备模块式撬装,现场对接
3000	设备模块式撬装,现场对接
3500	设备模块式撬装,现场对接
4000	设备模块式撬装,现场对接
5000	设备模块式撬装,现场对接
6000	设备模块式撬装,现场对接
7000	设备模块式撬装,现场对接
8000	设备模块式撬装,现场对接

原油码头油气回收装置的设计要充分考虑现场工况的特点和现场条件,首先油气回收装置的处理能力仍按照油品装载体积的1.0~1.25倍设计。脱硫系统的处理能力则根据现场原油特点进行具体分析,主要考虑原油中硫化氢和硫醇的浓度以及用户希望的脱硫剂更换周期。

活性炭吸附吸收工艺油气回收系统的主要动设备包括:风机、真空泵、供油泵、回油泵;风机、供油泵、回油泵的装机功率受现场油气回收装置布置位置的影响。装机功率在不同项目的应用中变化较大。真空泵的选用可依据系统的配置标准化应用,但使用过程中选用液环真空泵和干式真空泵的装机功率也存在非常大的差异。

根据使用经验,使用干式真空泵的常用功率参考表5.5。

真空泵的常用功率参考 表5.5

项目	流量(m^3/h)	设计浓度		最小装机功率(吸附—吸收工艺,kW)
		体积浓度(vol%)	质量浓度(g/m^3)	
成品油装船	单位油气体积	饱和	不得低于900	0.078
原油装船	单位油气体积	饱和	不得低于1200	0.085

注:以上建议是在非甲烷总烃排放要求为$25g/m^3$前提下的数值,如果执行更严格的排放标准,装机功率的需求将会大大增加。

(2)在使用标准的冷凝吸附工艺时处理选择为油品最大装载量(体积)的1.0~1.25倍,见表5.6。

装置标准系列化参数列表 表5.6

（括号内参数为带操作平台上撬块主机参数）

型 号	外形尺寸（长×宽×高，mm×mm×mm）	进气管	输油管	仪表风接口	功率（kW）	单位能耗（kW·h/m³）
BMCVR100 BMCVR200	5725×2200×2630	DN150	DN25	DN25	21 36	0.21 0.18
BMCVR300	9045×2300×2818	DN200	DN25	DN25	49	0.163
BMCVR400					67	0.168
BMCVR500	10790×2300×2818	DN250	DN25	DN25	76	0.152
BMCVR600					87	0.145
BMCVR700					100	0.142
BMCVR800	15560×2550×3000	DN300	DN32	DN25	110	0.137
BMCVR900					128	0.142
BMCVR1000					143	0.143
BMCVR1200	12740(9500)×5090(2550)×2000(+3000)	DN350	DN40	DN25	162	0.135
BMCVR1300					179	0.137
BMCVR1400					199	0.142
BMCVR1600	14790(11450)×5090(2550)×2000(+3000)	DN350	DN40	DN25	224	0.14
BMCVR1800					247	0.137
BMCVR2000					268	0.134
BMCVR2500	14125(10785)×8140(5600)×2000(+3000)	DN350	DN50	DN25	295	0.118
BMCVR3000					328	0.109
BMCVR3500					350	0.10

其中，油气处理量100～1000m³的冷凝法码头油气回收装置为单层撬块结构，内部布局结构基本一致，仅各部件外形尺寸上有区别；油气处理量1200～2000m³的冷凝法码头油气回收装置采用了上下撬块的安装设计理念，将冷凝单元与吸附单元放在上撬块，其他部件放在下撬块，该设计很好地解决了运输过程中超宽超高的问题，同时减少了码头现场占地面积。油气处理量2000m³以上的冷凝法码头油气回收装置同样为上下撬块安装（如现场占地面积允许可设计成单层结构），其主冷凝部分由200～2000m³主冷撬块组合搭配而成。

3)控制智能化

码头油气回收系统控制部分采取的主要控制手段是PLC或DCS,具体控制方式需要根据码头已有的油品装置和库区控制系统进行统一的配套选择。在规模较小的码头,建议选择PLC的控制方式。在现代化程度较高的码头可以选择PLC信号送入DCS系统进行管理监控或直接用库区DCS统一控制管理的方式。系统能够根据需要实现无人值守自动运行,并对油气的来气浓度、气量、处理效果、排放浓度等数据进行监测计量。针对原油码头的油气中硫化物含量能够实现自动监测。

4)专用安全系统设计

码头油气回收系统的安全控制是整个油气回收系统中排在首要位置的关键项。首先,必须配置的是安装在泊位上的岸船界面安全装置(DSU);其次,如果需要油气长距离输送需要配套专用的油气输送风机,对风机主体的要求:不得使用碳钢材质;风机设计满足易燃易爆气体输送要求;风机入口必须加装阻爆器;油气回收装置排放口必须设置阻火器。

可燃气体报警器信号直接接入总控系统或数据传输系统(Data Communication System,DCS)系统中的安全专用安全控制模块,报警等级设为最高级别。

5)长期运行后期系统保障化

油气回收装置用活性炭必须使用专用煤基活性炭,其性能必须满足表5.7的最低要求,正常使用寿命5~8年,此外,活性炭达到使用寿命后能够实现回厂再生。

煤基活性炭性能表　　表5.7

序　号	项　　目	单　位	性　能
1	丁烷活性	%	>31
2	四氯化碳数量	%	>80
3	水分质量分数	%	<2
4	硬度	%	>95
5	材质	—	煤基
6	密度	lb/ft^3	26
7	比表面积	m^2/g	>1000
8	燃点	℃	>400

活性炭吸附吸收工艺码头油气回收系统的构成可以参见图5.1。

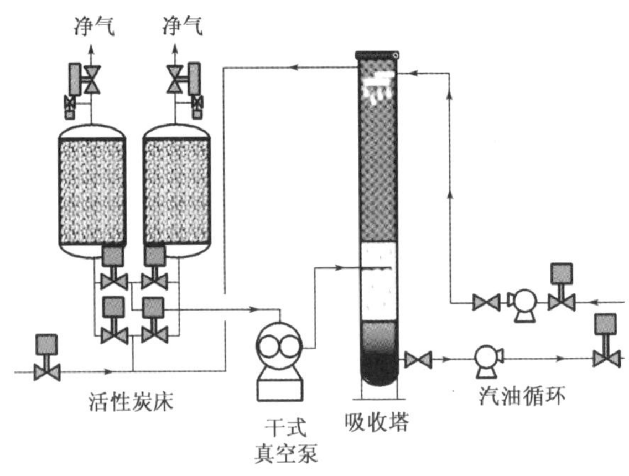

图 5.1　活性炭吸附吸收工艺码头油气回收系统的构成

主要部件包括:静设备、动设备、仪表阀门等。

(1)静设备部分

该系统的静设备主要为吸收塔和吸附塔,根据相关的设计要求:活性炭吸附罐的设计压力不应低于 1.0MPa,设计腐蚀余量 2mm,塔器使用材质为 Q345。吸收塔的设计压力不应低于 0.6MPa,设计腐蚀余量 2mm,塔器使用材质为 Q345。从设计压力、腐蚀余量及材质上有效保证静设备的可靠性。

(2)动设备及电机

该系统的动设备为真空泵和来回油泵。

真空泵选择必须是针对油气回收系统特殊设计的产品,并在油气回收领域有大量成熟的应用,真空泵出口温度最高不得高于 90℃。

来回油泵必须使用用于输送易燃易爆液态产品的化工泵,泵选型需要满足《石油、化学和天然气工业用离心泵》(API610)或《离心泵技术条件》(GB/T 5656)要求。

电动机为防爆电动机,电机外壳防护等级至少 IP55,防爆等级 Exd ⅡBT4。

(3)仪表阀门

仪表阀门包括油气气路开关阀门、吸收剂输送管路阀门、压力仪表、温度仪表、浓度仪表、流量仪表等。该系统内可能存在的唯一隐患是吸收剂输送管路阀门故障造成吸收剂的泄漏,从安全控制角度考虑,系统的来油管路阀门采用双阀门设计,以防止阀门故障带来的吸收剂泄漏。油气回收系统运行过程中,针对阀门故障会采用报警停机的措施,为保证系统长期安全稳定地运行,系统中的吸附罐出入口切换阀门,吸收剂管路开关阀门均使用进口品牌的产品。阀门执行器可以根据现场公用工程条件选择气动或电动执行器。电动阀开关时间小于30s。电气和电子设备应适合在户外环境下露天运行,还应符合 IEC 60529 的规定,并具有 IP55 以上防护等级,外壳也须遵守 IEC 60079-10 中的区域分类规定;现场仪表设备具有中国国家级安全认证,防爆等级不低于 dⅡBT4,防护等级不低于 IP65,使用条件满足码头所在地区的环境要求(温度、湿度)。相关选型满足《石油化工自动化仪表选型设计规范》(SH 3005)要求。

冷凝吸附工艺码头油气回收系统的构成可以参看图5.2。

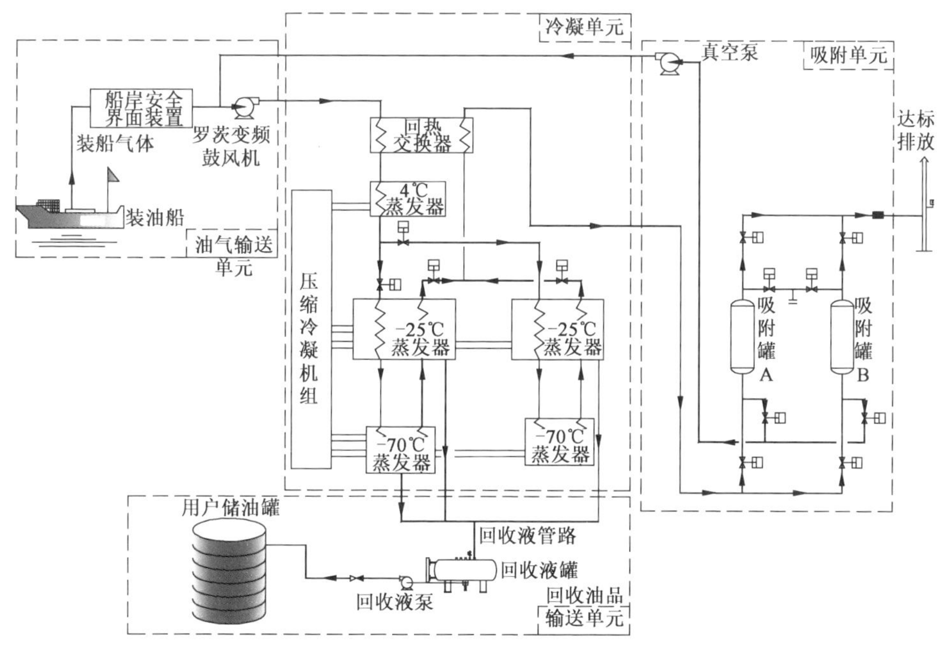

图5.2 冷凝吸附工艺码头油气回收系统的构成

冷凝吸附工艺码头油气回收系统的主要部件包括静设备、动设备及仪表阀门等。

(1)静设备部分

该系统的静设备主要为活性炭吸附罐、低温冷箱、冷凝器,根据相关的设计要求:活性炭吸附罐的设计压力不应低于1.0MPa,设计腐蚀余量2mm,吸附罐使用材质为Q345。低温冷箱、冷凝器的设计压力不应低于2.5MPa,冷凝器使用材质为不锈钢,冷凝器使用材质为铜管套铜片。从设计压力、腐蚀余量及材质上有效保证静设备的可靠性。

(2)动设备及电机

该油气回收系统的动设备为真空泵、输油泵、制冷压缩机、风机。

真空泵选择必须是针对油气回收系统特殊设计的产品,并在油气回收领域有大量成熟的应用,真空泵出口温度最高不得高于90℃。

5.4 典型工艺适应性分析

5.4.1 吸附法油气回收工艺适应性分析

1)码头区域气候条件适应性

炭吸附法油气回收工艺主要考虑极端气候对阀门管道造成的影响,如低温导致阀门管道冰冻、高温导致阀门管道失效等。因此,在设计上需要针对南北方不同的环境条件在阀门及室外仪表等设备方面进行极端气候等技术要求:

北方地区阀门及室外仪表最低使用环境温度建议满足:-40℃。

南方地区阀门及室外仪表最高使用环境温度建议满足:60℃。

阀门及现场仪表的防护等级不低于IP65。

此外,南方码头油气回收系统电机需要根据现场条件选择湿热环境使用的电机。同时沿海码头还需要采取防腐处理,系统防腐满足《石油化工设备和管道涂料防腐蚀设计规范》(SH/T 3022—2011)中的防腐要求,防止海水对设备造成腐蚀破坏。

2)工艺及码头条件适应性

油气回收设备适应老码头平面布置及配套要求的原则,依据国内外码头油气回收安全要求设计,配置岸船界面安全装置、油气输送装置、油气回收系统,整体采用模块化设计,相关设备、电气、仪表设计选型满足国内化工标准要求。同时,应当考虑不同油品采取的不同油气回收装置使用分类。

同时,码头油气回收系统在布置过程中要充分考虑后期运行维护的便利性。新码头建设过程中如现场条件允许尽量将油气回收系统布置在陆域,此类型的布置便于设备安装和后期维护。尤其对于大型的油气回收系统,如果布置在泊位,首先将增大泊位建设的投资,需要单独的平台。其次,大型设备在安装过程中需要使用船吊,大幅度增加安装费用。再次,后期维护受现场条件制约大,维护困难。具体的活性炭吸附吸收工艺适应性分析见表5.8。

活性炭吸附吸收工艺适应性分析列表　　表5.8

序号	项　　目	分　　析
1	应用环境	该工艺采用活性炭吸附真空解吸,解吸后的油气需要吸收剂进行吸收。所以现场需要根据工艺使用要求提供吸收剂(汽油、柴油等类似物性的油品)
2	安全距离	安全距离要求参照: 《油品装载系统油气回收设施设计规范》(GB 50759—2012) 《石油库设计规范》(GB 50074—2014)
3	公用工程条件	电、仪表风(如使用气动执行器)
4	环保标准	《储油库大气污染物综合排放标准》(GB 20950—2007) 《石油炼制工业污染物排放标准》(GB 31570—2015) 各省市地方标准
5	吸附材料后期处理	基本使用寿命8～10年,达到使用寿命后,活性炭需要送回活性炭工厂再生
6	占地面积	根据处理量不同占地面积60～500m^2。可以布置在罐区或在码头设置专业区域

5.4.2 冷凝法油气回收工艺适应性分析

1)码头区域气候条件适应性

环境温度的高低会直接影响冷凝法油气回收机的制冷效果,从而影响油气的回收率及排放浓度,温度越高,机组负荷越大,能耗越高,制冷效果越差。但冷凝法码头油气回收装置在环境温度的适应上经过多年的不断完善,已经形成的标准冷凝法码头油气回收处理装置采用风冷冷却方式,自动调节机组的冷凝温度,可适用于我国南北方码头的高温与低温气候条件。

2)码头体制适应性

我国码头通常分为两种,即公用码头和业主码头。公用码头通常存储的油品种类比较多,且油品所属也较多,这种码头的油气回收宜采用冷凝法码头油气回收装置,可对多种油品进行单独回收或分类进行回收,回收的油品可直接送回原罐或专用储罐。采用其他回收工艺通常都需要增加专用吸收液,且不利于油品的单独回收,多数公用码头不能提供专用吸收液。

业主码头在油品种类上相对公用码头要少些,通常业主码头都与生产厂区靠得比较近,各方面条件均比较完善,在工艺线路选择上相对方便些,对回收的油品能直接销售的可直接送回储罐，对不能直接销售的可再送回生产厂区进行再生产。

3）平面布置适应性

冷凝法码头油气回收装置的占地面积较小，撬块组合比较灵活，可根据现场平面实际情况进行适当调整，对大型设备，还可以采用上下撬块结构设计，充分利用空间，减少占地面积，便于码头整体考虑平面布置问题。

4）回收介质适应性

冷凝法码头油气回收设备可适应码头多种气体的回收，针对不同装船物料，可调整其对应的冷凝温度，以实现对不同物料的回收，同时降低运行能耗。目前，我国冷凝法回收工艺已经处理过的有机气体介质有：汽油，苯，甲苯，二甲苯，苯乙烯，石脑油，航空煤油，溶剂油，芳烃，MTBE，甲醇，乙醇，乙烯，原油，环氧丙烷，二、三氯乙烯，轻渣油，甲乙酮，丙烯腈等低温下易冷凝液化的单一气体或处理过程中不会相互反应的混合气体。目前已经混合回收过的有汽油、苯系物、MTBE、石脑油、溶剂油等。针对含硫等特殊介质，也已经有专用前置脱硫撬块同冷凝＋吸附撬块一起组成新的组合工艺，以适应实际现场的使用要求。冷凝吸附吸收工艺适应性分析见表5.9。

冷凝吸附吸收工艺适应性分析列表 表5.9

序号	项　目	分　析
1	应用环境	适用于我国南北不同区域 可适用于无法提供吸收剂的码头 可适用于公用码头和业主码头不同体制码头 可适应单设备多种介质分开回收
2	安全距离	安全距离要求参照： 《油品装载系统油气回收设施设计规范》（GB 50759—2012） 《石油库设计规范》（GB 50074—2014）
3	公用工程条件	电、仪表风
4	环保标准	《储油库大气污染物综合排放标准》（GB 20950—2007） 《石油炼制工业污染物排放标准》（GB 31570—2015） 各省市地方标准
5	吸附剂后期处理	基本使用寿命8～10年，达到使用寿命后活性炭 需要送回活性炭工厂再生
6	占地面积	根据处理量不同，占地面积15～300m^2。可以布置在码头罐区或码头前沿

第 6 章　码头油气回收自动控制系统

《码头油气回收设施建设技术规范(试行)》(JTS 196-12—2017)要求码头油气回收设施应设置集中自动控制系统;各装置应具有独立的自动控制功能。自动控制系统设计应符合下列规定:

(1)自动控制系统应满足油气回收工艺及码头安全联锁要求，应具有事故报警、应急处置及保障安全作业等功能。

(2)自动控制系统应配置操作员站,其网络应是开放性结构,应具有将油气回收系统的运行数据上传至作业船舶等自动控制系统。

(3)自动控制系统应具备下列功能:监控码头油气回收各装置的压力、温度、流量、液位及氧含量等参数及其启停作业状态;显示机泵的运行状态和控制阀门的开关状态;进行参数越限报警及设备故障报警；远程手动或自动程序操控,并应与油气上岸压力、氧含量等信号进行联锁。实现对于码头多泊位油气回收或多套油气回收处理装置并联工况的监控。

(4)油气回收设施应设置安全仪表系统。安全仪表系统应采用故障安全型设计,能接收来自控制室或装船自动控制系统、油船、油气回收系统各装置等的紧急停车联锁信号,发出声光报警及紧急停机指令。

(5)油气回收自动控制系统及仪表应与码头统一供电、供气,系统防雷及接地应符合电气相关要求。

(6)油气回收设施布置的区域内应设置可燃气体或有毒气体报警装置。

6.1　码头油气回收自动控制系统设计要求及结构组成

6.1.1　自动控制系统设计原则

码头油气回收设施自动控制系统设计必须在满足工艺要求的前提下同时满足码头油气回收设施处理过程中的集中管理、自动化控制需要,并且还需符合我国码头的现状及已有的相关法律、法规的要求。基于上述原因，码头油气回收自动控制系统的设计需要坚持以下几条主要设计原则：

1）安全

保护操作人员人身安全，保护环境，保护贵重设备免受损失。对于影响安全生产的工艺参数必须设立自动监测、报警，如超限自动声光报警等安全措施，或自动联锁保护。对存在爆炸危险气体的场所设可燃气体报警器，存在有毒气体的场所设有毒气体报警器，根据具体需要设烟感报警器、火灾报警器。

2）运行可靠

采用成熟的技术，选用可靠的设备，保证“安、稳、长、满、优”运行。采用先进成熟的控制策略，选用先进成熟的控制设备，节能降耗，稳定生产，提高效益。

3）经济

以经济效益为中心，自动化仪表的设立必须有利于保证产品质量，节能降耗，挖潜增效，提高劳动生产率。

4）智能化

由现代通信与信息技术、计算机网络技术、行业技术、智能控制技术汇集而成，使用先进、可靠的仪表，减少维护维修量。优先选用中国生产的设备，我国生产的设备不能满足要求时选用国际知名品牌的进口设备。

5）信息化

加强信息化建设，提高管理水平。加强信息源的建立，采用智能化的仪表设备，提高工艺过程的信息化水平，并为今后实现先进控制、优化控制打好基础。

6）标准化

建立统一的、标准化的安全控制思路。实现码头液货装船作业与油气回收设施的安全可靠地运行的标准化配置。

6.1.2　自动控制系统结构组成

码头油气回收设施自动控制系统的设计思路应根据装置的工艺过程安全要求或者全厂的控制系统的总体设计水平而进行设计。控制系统设计的基本思路为：分散控制、集中操作、集中管理，并为全厂的信息管理建立基础。

整个码头油气回收设施的总体自动化管理控制系统设置一个中心控制台。现场主要设备及仪表的控制和信号电缆直接敷设连接到中心控制台。

气体含量分析仪、碳氢化合物浓度分析仪、切断阀、调节阀、流量计、液位计、温度计、报警控制器等智能设备通过信号电缆接入可偏移逻辑控制器（PLC）系统，或是进入各自单元的数据系统。如输气臂（或软管）单元、油气回收处理单元等装置的控制系统采用独立的 PLC 系统,PLC 系统通过网络访问其系统,再将所有的数据整合到总体自动化控制系统平台上面,即上位机,通过上位机服务器的稳定工作,对用户通过客户端软件界面进行人性化显示,对码头油气回收设施设备通过 PLC 进行数据的编写、读写控制。

不同的码头油气回收设施工艺过程需要控制的具体参数不同,具备不同的联锁逻辑和回路控制,但最终思路是以监控中心为系统核心,通过监控中心采集监测、监控等系统数据信息使资源达到充分共享,实现集中、高效、便利的控制与管理体系,以致力于解决码头油气回收过程中面临的安全隐患问题,为码头油气回收处理工作提供智能、安全、自动化的管理控制系统。

6.2 自动控制系统关键参数设计

6.2.1 自动控制系统设计的基本要求

(1)自动控制系统的 PLC 的 I/O 点数,详见表 6.1。

自动控制系统 I/O 点数分类表 表 6.1

信 号 类 型	控制	检测	合计	备注
T/C(分度号:Pt100)	1	4	5	
AI (4~20mA)	3	4	7	
AO (4~20mA)	3		3	
DI	8	45		
DO	14			
RS485 通信接口			2	

(2)自动控制系统的所有模块必须是基于微处理器的,能够完成所有必需的控制功能,例如连续常规控制、离散逻辑、顺序逻辑、联锁控制、数据采集、趋势记录、操作员界面、通信等。

(3)自动控制系统应能显示多种画面,例如图形、趋势、组和细节、过程状态、回路参数(过程变量、设定点、输出、常量调节、报警、位号、功能等)。图形显示应包括动态过程画面和过程数据更新。

(4)自动控制系统应提供报警管理功能,例如指示、确认、登记和报告,至少应包括过程变量报警(低、低低、高、高高和偏离给定值等不同的情况)。

(5)自动控制系统操作站和机柜(前后)都应设置铭牌,标明指定的专有设备号。名牌应固定于设备框架的外表面,而不是可以拆卸的部件(如门)上。

(6)自动控制系统的网络应可灵活的添加或拆除设备,而不影响网络上其他设备的操作。

(7)自动控制系统应留有充足的可扩展空间和系统接入接口等。

6.2.2 自动控制系统设计方案

整个自动控制系统的设计按照故障安全原则设计,不仅考虑码头油气回收装置,同时要考虑整个作业模块甚至包含储运罐区及人员安全;根据需要选用冗余结构,当出现故障时,不会导致其他故障产生,并且尽量降低其所产生的危险性;控制系统、安全系统和报警系统功能应相互独立,控制系统应能够持续、安全、有效、可靠地运行,重要的安全联锁系统应独立于日常控制系统。

码头油气回收设施的五个单元(输气单元、船岸界面安全装置单元、油气输送单元、油气回收处理单元、油气处理再利用单元)既相互独立又相互关联,正常运行时五个单元尽量保证相互独立的同时还应有着统一性,当任一单元出现故障时,五个单元要按照“安全”原则进行联锁停机。

自动控制系统与输气单元、船岸界面安全单元、油气输送单元、油气处理单元通过指定的通信协议连接进行对整个码头油气回收设施远程监测及控制启停,并有自动/手动控制切换功能,其现场手动控制优先。

考虑到若自动控制系统当作 SIS 系统,设计成本高,与我规范及码头的实际情况不符,故本书描述的自动控制系统的相关安全参数按照接入码头原油的 SIS 或 ESD 系统设计。

1)输气单元自动控制设计方案

(1)软管

当码头油气回收设施船舱油气通过软管连接上岸时,由于软管没有自动控制设备,故现场需有连接状态确认按钮并传入信号至码头油气回收设施自动控制系统。信号分为三种状态信号:软管连接完毕、软管脱离完毕、软管拉断/紧急脱离。

(2)输气臂

输气臂的紧急脱离装置有一级、二级限位设置故而输气臂传送至码头油气回收设施自动控制系统的信号分为 7 种:

①输气臂对接完毕。

②输气臂脱离完毕。

③紧急装置待命。

④输气臂一级报警。

⑤输气臂二级报警。

⑥紧急脱离装置断开。

⑦输气臂故障信号(输气臂有液压部分,当其发生故障时在总控显示其液压故障)。

(3)本书控制系统输气单元控制方案设计

一套码头油气回收设施不仅对应一个泊位,船舶气体上岸可能用输气臂,可能用软管。无论采用何种连接方式,每个泊位之间的气体上岸互补影响。

当码头油气回收设施收到码头准备开始作业时,开始进行输气臂或软管的对接工作,每一个需工作的输气臂或软管连接完毕后(输气臂可自动发出对接完毕信号,软管需人工发出对接完毕信号),输气单元对应的对接状态信号显示正常,对接状态正常后方可进行后续工作。每一个泊位需停止油气回收工作的输气臂或软管,当其在总控系统对应的信号显示为输气臂或软管为脱离完毕信号时,为其泊位油气回收工作结束。无论是输气臂还是软管,其对接或者脱离都需人工操作。某一个泊位发生突发情况输气臂或软管紧急脱离或拉断的情况发生时,总控系统对应的信号显示为脱离或拉断状态(输气臂自动发出信号至总控,软管需人工发出信号至总控),其对应的泊位停止油气上岸。

以输气臂连接油气上岸发送至总控的信号见表6.2,以软管连接油气上岸发送至总控的信号见表6.3。

以输气臂连接油气上岸发送至总控的信号一览表　　表6.2

序号	信号名称	信号接收单元	信号功能	发送形式
1	输气臂对接完毕	总控系统	指示	自动
2	输气臂脱离完毕	总控系统	指示	自动
3	输气臂紧急脱离装置待命	总控系统	指示	自动
4	输气臂紧急脱离一级报警	总控系统	指示、报警	自动
5	输气臂紧急脱离二级报警	总控系统	指示、报警	自动
6	输气臂紧急脱离断开	总控系统	指示、联动	自动
7	输气臂液压故障	总控系统	指示、报警	自动

以软管连接油气上岸发送至总控的信号一览表　　表6.3

序号	信号名称	信号接收单元	信号功能	发送形式
1	软管对接完毕	总控系统	指示	人工
2	软管脱离完毕	总控系统	指示	人工
3	软管拉断/紧急脱离	总控系统	指示、联动	人工

2)船岸界面安全装置单元自动控制系统设计方案

每套船岸界面安全装置对应一个泊位,多个泊位共用一套油气回收装置时,每个泊位的船岸界面安全装置能够相互影响,形成互补。

当船岸界面安全装置检测到油气上岸压力后,自动开启电动阀。当检测到油气含氧量超高时,开启惰化管理电动阀,氧含量超出一定限值后自动关闭电动阀,切断油气上岸。当检测到上岸油气压力超高或超低时总控报警,高于或低于一定限值是自动关闭电动阀切断油气上岸。当检测到温度超高时,总控报警,高于一定限值时自动关闭电动阀切断油气上岸。当停止油气回收作业时自动关闭电动阀。船岸界面安全装置发生至总控信号见表6.4。

船岸界面安全装置发生至总控信号一览表　　表6.4

序号	信号名称	信号接收单元	信号功能	发送形式
1	自输气臂来油气压力信号	总控系统	指示、报警、联动	自动
2	阻爆器温度信号	总控系统	指示、报警、联动	自动
3	氧含量体积比信号	总控系统	指示、报警、联动	自动
4	阻爆器压差信号	总控系统	指示、报警、联动	自动
5	切断阀状态信号	总控系统	指示、报警、联动	自动
6	压力变送器压力信号	总控系统	指示、报警、联动	自动

3)油气安全输送(管网)单元自动控制设计方案

一个码头的油气回收设施不一定只有一种需回收的油品蒸汽,故而油气安全输送单元不一定只有一套,有可能有一套或者两套甚至更多,但每一套油气安全输送单元之间没有控制关联,每一套油气安全输送单元只与其对应的泊位(不局限于1个泊位)的船岸界面安全装置有着关联,具体为:

当一套油气安全输送装置前端工艺船岸界面安全装置开始接收气体后,油气安全输送单元收到总控开启信号,风机开始运行。油气安全输送单元通过对油气的压力进行风机的运转控制。当检测到油气的含氧量超高、压力过高、温度过高时报警,达到一定限定值关闭风机并给发送信号至总控。当油气安全输送装置停止工作后,前端船岸界面安全装置应切断油气上岸(无论几个泊位,在同时工作都应切断油气上岸)。油气安全输送单元传至总控信号见表6.5。

油气安全输送单元传至总控信号一览表 表6.5

序号	信号名称	信号接收单元	信号功能	发送形式
1	输送风机运行状态信号	总控系统	指示	自动
2	阻爆器压差信号	总控系统	指示、报警、联动	自动
3	来气温度信号	总控系统	指示、报警、联动	自动
4	风机压差信号	总控系统	指示、报警、联动	自动
5	来气含氧量信号	总控系统	指示、报警、联动	自动

4)油气处理单元自动控制设计方案

不管是吸附+吸收工艺还是冷凝+吸附工艺,自动控制系统设计环节均被视为一个整体处理单元,一个处理单元可能对应不止一套油气安全输送单元(当一个处理单元对应多个油气安全输送单元时,油气的品种应该一致),当处理单元检测到来气压力达到一定值时,开启进气电动阀进入油气处理过程,当收到停止作业信号指令时关闭进气电动阀,停止油气回收处理装置。当油气回收处理装置有突发情况时关闭其对应的油气安全输送单元。

油气回收处理装置中一些状态的报警和紧急联动信号在总控有显示,具体哪些信号为指示、哪些信号为报警、哪些信号为紧急停车等,在总控均应有相应的显示和动作。

吸附+吸收油气处理装置工艺控制方案传送至总控信号见表6.6。

吸附+吸收油气处理装置工艺控制方案传送至总控信号 表6.6

序号	信号名称	信号接收单元	信号功能	发送形式
1	设备运行状态信号	总控系统	指示	自动
2	常规监测数据信号	总控系统	指示	自动
3	需联锁、联动故障信号	总控系统	指示、报警、联动	自动

冷凝+吸附油气处理装置工艺控制方案传送至总控信号见表6.7。

冷凝+吸附油气处理装置工艺控制方案传送至总控信号 表6.7

序号	信号名称	信号接收单元	信号功能	发送形式
1	设备运行状态信号	总控系统	指示	自动
2	常规监测数据信号	总控系统	指示	自动
3	需联锁、联动故障信号	总控系统	指示、报警、联动	自动

5)油气回收再利用单元自动控制设计方案

油气回收后的再利用方式较多且复杂,在本书中不多做研究。本书中总控设计方案将回收再利用单元将理后的液态油品从中间罐转运至成品罐或残液罐。其主要控制方案如下。

当中间储罐的液位达到一定值时起到输送泵并同时开启成品罐或残液罐的进料阀,当中间罐的液位降低到一定数值时,关闭油品输送泵并关闭成品罐或残液罐进料阀。当对尾气排放检测不达标时,传送信号至总控并报警。其传送至总控信号见表 6.8。

超标尾气报警总控信号 表 6.8

序号	信 号 名 称	信号接收单元	信号功能	发送形式
1	油品输送泵运行状态	总控系统	指示	自动
2	成品罐、残液罐进料阀状态	总控系统	指示	自动
3	中间储罐	总控系统	指示、报警、联动	自动

6.2.3 自动控制系统与各子单元间关系

1)概述

码头油气回收设施自动控制系统与各子单元控制系统之间紧密相关,其他各子单元与控制系统之间的数据连接、联动主要应该包含以下几个方面:

(1)码头油气回收控制系统应能够显示船舶货舱相关信息,包含油舱液位、温度、含氧量等,货船货舱数据信息要与码头油气回收装置数据信息实现实时共享,以方便操作人员进行安全控制、完成整套码头作业程序(如不能实现数据自动读取,可进行工作前人工对接)。

(2)库区输油装卸泵的启动/停止信号、运行状态信号应引入码头油气回自动控制系统中;输油泵的相关信号可以作为码头油气回收装置运行与否的先决条件(如不能实现数据自动读取,工作前可进行人工确认)。

(3)输气臂锁紧信号、紧急脱离系统待命信号、一级报警信号、二级报警信号、输气臂紧急脱离启动信号引入码头油气回收自动控制系统;锁紧信号表示输气臂正在操作,紧急脱离系统待命信号表示输气臂属于正常接船运行状态;一级报警信号表示船发生漂移,超出输气臂的正常工作范围;二级报警信号表示输气臂处于紧急状态,需要立即停止作业;紧急脱离启动信号表示当码头出现紧急情况(如火灾等)需要输气臂和船进行分离时,此时亦可以通过手动脱离按钮启动紧急脱离装置,实现输气臂与船分离。

(4)船岸界面安全单元及传送单元的重要工艺参数,如含氧量、压力、温度和风机运行状态信号等需引入码头油气回收自动控制系统,这些参数将直接参与联锁动作或是能反应重要设备的运行状态,在系统运行时必须重点关注。

(5)工艺技术不同的油气回收单元需要检测和监控的参数不同,但主要设备的运行情况和油气回收情况都需要进行重点监测;以碳吸附工艺为例,碳吸附罐活性炭温度、真空泵的运行状态和主要阀门的动作状态都关系到油气回收单元的正常安全运行,当出现超温或者故障时控制台报警,并按照联锁逻辑进行有序动作,此种关键信号必须引入自动控制系统。不影响正常工作的常规监测数据、装置本身故障但不需停止运行的重要信号等也必须引入总控系统进行显示。码头油气回收设施自动控制系统与各单元关系见表6.9。

码头油气回收设施自动控制系统与各单元关系　　表6.9

单元		码头油气回收设施自动控制系统
1	船舶	采集、监测、联锁船舱油气安全参数信号(压力、液位、温度含氧量等)
2	仓储	采集、联锁仓储加油相关信号
3	输气臂	采集、监测、联锁输气臂的安全、状态信号
4	船岸界面	采集、监测、联锁上岸油气安全参数信号(压力、温度含氧量等)
5	输送风机	采集、监测、联锁油气传送过程中安全参数信号(压力、温度含氧量等)
6	油气处理	采集、监测、联锁油气处理程中安全参数信号(压力、温度等)
7	尾气	采集、监测、联锁尾气达标情况信号

2)各子单元故障安全联锁、联动信号

各子单元涉及故障安全需联锁、联动的信号如下:

(1)码头液货装船控制系统故障安全联锁、联动信号见表6.10。

码头液货装船控制系统故障安全联锁、联动信号　　表6.10

信号产生单元	信号接收单元	信号类型	信号功能
液货装船单元	油气回收总控系统	装船系统紧急切断信号	指示、报警、联锁联动

(2)码头输气单元控制系统故障安全联锁、联动信号见表6.11。

码头输气单元控制系统故障安全联锁、联动信号　　表6.11

序号	信号产生单元	信号接收单元	信号类型	信号功能
1	输气臂单元	油气回收总控系统	输气臂1级报警信号	指示、报警
2	输气臂单元	油气回收总控系统	输气臂2级报警信号	指示、报警、联锁联动
3	输气臂单元	油气回收总控系统	紧急脱离装置断开	指示

(3)码头船岸界面安全装置单元控制系统故障安全联锁、联动信号见表6.12。

码头船岸界面安全装置单元控制系统故障安全联锁、联动信号　表6.12

序号	信号产生单元	信号接收单元	信号类型	信号功能
1	船岸界面单元	油气回收总控系统	来气气压力信号	指示、报警、联锁联动
2	船岸界面单元	油气回收总控系统	来气温度信号	指示、报警、联锁联动
3	船岸界面单元	油气回收总控系统	来气氧含量体积比信号	指示、报警、联锁联动
4	船岸界面单元	油气回收总控系统	阻爆器压差信号	指示、报警、联锁联动

(4)码头油气安全输送单元控制系统故障安全联锁、联动信号见表6.13。

码头油气安全输送单元控制系统故障安全联锁、联动信号　表6.13

序号	信号产生单元	信号接收单元	信号类型	信号功能
1	安全输送单元	油气回收总控系统	来气气压力信号	指示、报警、联锁联动
2	安全输送单元	油气回收总控系统	来气温度信号	指示、报警、联锁联动
3	安全输送单元	油气回收总控系统	来气氧含量体积比信号	指示、报警、联锁联动
4	安全输送单元	油气回收总控系统	阻爆器压差信号	指示、报警、联锁联动
5	安全输送单元	油气回收总控系统	风机压差信号	指示、报警、联锁联动

(5)码头油气回收处理单元控制系统故障安全联锁、联动信号见表6.14、表6.15。

冷凝+吸附法码头油气回收处理单元控制系统故障安全联锁、联动信号　表6.14

序号	信号产生单元	信号接收单元	信号类型	信号功能
1	油气处理单元	油气回收总控系统	风泵变频器报警	指示、报警、联锁联动
2	油气处理单元	油气回收总控系统	可燃气体浓度过高	指示、报警、联锁联动
3	油气处理单元	油气回收总控系统	吸附系统温度过高	指示、报警、联锁联动
4	油气处理单元	油气回收总控系统	低温冷场压差过高	指示、报警、联锁联动
5	油气处理单元	油气回收总控系统	油气压力过高	指示、报警、联锁联动

吸附+吸收法头油气回收处理单元控制系统故障安全联锁、联动信号　表6.15

序号	信号产生单元	信号接收单元	信号类型	信号功能
1	油气处理单元	油气回收总控系统	吸收塔液位	指示、报警、联锁联动
2	油气处理单元	油气回收总控系统	吸收塔压力	指示、报警、联锁联动
3	油气处理单元	油气回收总控系统	吸附装置高温	指示、报警、联锁联动

续上表

序号	信号产生单元	信号接收单元	信号类型	信号功能
4	油气处理单元	油气回收总控系统	油气温度高	指示、报警、联锁联动
5	油气处理单元	油气回收总控系统	冷却剂温度超高	指示、报警、联锁联动
6	油气处理单元	油气回收总控系统	供油泵启动失败	指示、报警、联锁联动
7	油气处理单元	油气回收总控系统	回油泵启动失败	指示、报警、联锁联动
8	油气处理单元	油气回收总控系统	真空风机启动失败	指示、报警、联锁联动
9	油气处理单元	油气回收总控系统	真空泵启动失败	指示、报警、联锁联动
10	油气处理单元	油气回收总控系统	吸附罐出入口阀门动作失败	指示、报警、联锁联动

(6)码头油气回收再利用单元控制系统故障安全联锁、联动信号见表6.16。

码头油气回收再利用单元控制系统故障安全联锁、联动信号　表6.16

信号产生单元	信号接收单元	信号类型	信号功能
油气再利用单元	油气回收总控系统	中间储罐液位	指示、报警、联锁联动

6.2.4　油气回收设施自动控制系统联动控制作业程序

1)正常启动作业程序

码头油气回收设施自动控制系统联动控制系统正常启动作业程序信号见表6.17。

码头油气回收设施自动控制系统联动控制系统正常启动作业程序信号　表6.17

发出信号位置	发出信号指令	接收信号位置	接收信号动作	接收信号动作后结果	状态	信号功能
启动前自检程序						
油气回收总控	系统自检	各个单元	控制系统自检	系统是否正常	正常/故障	检测
液货装卸系统	正常/故障	油气回收总控	判断是否启动	系统是否可以启动	正常/故障	状态指示
输气臂系统	正常/故障	油气回收总控	判断是否启动	系统是否可以启动	正常/故障	状态指示
船岸界面系统	正常/故障	油气回收总控	判断是否启动	系统是否可以启动	正常/故障	状态指示

续上表

发出信号位置	发出信号指令	接收信号位置	接收信号动作	接收信号动作后结果	状态	信号功能
油气输送系统	正常/故障	油气回收总控	判断是否启动	系统是否可以启动	正常/故障	状态指示
油气回收处理系统	正常/故障	油气回收总控	判断是否启动	系统是否可以启动	正常/故障	状态指示
启动前准备(系统自检正常)						
油气回收总控	对接输气臂	输气臂系统	启动输气臂对接	输气臂开始对接	完成/未完成	启动
输气臂系统	完成/未完成	油气回收总控	判断输气臂是否可用	输气臂处于何种状态	对接/脱离	状态
油气回收系统	启动预冷	油气回收处理装置(冷凝+吸附法)	油气回收处理装置开机运行	油气回收处理装置处于运行状态	运行/停止	启动
油气回收处理装置(冷凝+吸附法)	预冷完成/未完成	油气回收总控	判断是否预冷完成	油气回收处理装置处于预冷完成状态	完成/未完成	状态
油气回收总控	运行前准备完成	液货装船系统	判断是否可以进行油气回收作业	决定是否可以装油	完成/未完成	状态
正常启动油气回收设施						
液货装卸系统	开始装卸液货	油气回收总控	启动油气回收运行程序	判断是否启动油气回收设施	启动/停止	状态
油气回收总控	开启	船岸界面安全装置	开启切断阀	切断阀开启	开启/关闭	启动
船岸界面安全装置	切断阀已开启	油气回收总控	判断切断阀是否开启	显示切断阀状态	开启/关闭	状态
油气回收总控	启动风机	油气输送系统	判断是否启动风机	启动风机	运行/停止	启动

续上表

发出信号位置	发出信号指令	接收信号位置	接收信号动作	接收信号动作后结果	状态	信号功能
油气回收总控	启动油气回收处理设施	油气回收处理系统	判断是否启动油气回收处理装置	启动油气回收处理装置	运行/停止	启动
油气输送系统	风机已启动	油气回收总控	判断风机是否启动	显示风机运行状态	运行/停止	状态
油气回收处理系统	油气回收处理装置已运行	油气回收总控	判断油气回收处理装置是否运行	显示油气回收处理设施运行状态	运行/停止	

2)正常运行状态程序

码头油气回收设施自动控制系统联动控制系统正常运行状态程序信号见表6.18。

码头油气回收设施自动控制系统联动控制系统正常运行状态程序信号 表6.18

发出信号位置	发出信号名称	接收信号位置	接收信号内容
液货装船系统			
液货装船系统	装船系统运行状态信号	油气回收总控系统	显示运行状态
液货装船系统	输油臂运行状态信号	油气回收总控系统	显示运行状态
液货装船系统	装卸泵运行状态信号	油气回收总控系统	显示运行状态
液货装船系统	装卸流量显示信号	油气回收总控系统	显示流量值
输气臂单元			
输气臂系统	紧急脱离系统待命信号	油气回收总控系统	显示运行状态
输气臂系统	输气臂1级报警信号	油气回收总控系统	显示运行状态
输气臂系统	输气臂2级报警信号	油气回收总控系统	显示运行状态
输气臂系统	液压站液位信号	油气回收总控系统	显示液位
输气臂系统	液压站油温信号	油气回收总控系统	显示油温
输气臂系统	输气臂对接状态信号	油气回收总控系统	显示运行状态
输气臂系统	输气臂收容状态信号	油气回收总控系统	显示运行状态

续上表

发出信号位置	发出信号名称	接收信号位置	接收信号内容
输气臂系统	输气臂运行状态信号	油气回收总控系统	显示运行状态
船岸界面安全装置单元			
船岸界面安全系统	船岸界面安全装置运行状态信号	油气回收总控系统	显示运行状态
船岸界面安全系统	自输气臂来油气压力信号	油气回收总控系统	显示压力值
船岸界面安全系统	阻爆器温度信号	油气回收总控系统	显示温度值
船岸界面安全系统	氧含量体积比信号	油气回收总控系统	显示氧含量值
船岸界面安全系统	阻爆器压差信号	油气回收总控系统	显示压差值
船岸界面安全系统	汽液分离罐液位信号	油气回收总控系统	显示液位值
船岸界面安全系统	切断阀状态信号	油气回收总控系统	显示状态
船岸界面安全系统	流量计流量信号	油气回收总控系统	显示流量值
油气安全输送单元			
油气输送系统	输送风机运行状态信号	油气回收总控系统	显示运行状态
油气输送系统	阻爆器压差信号	油气回收总控系统	显示压差值
油气输送系统	阻爆器温度信号	油气回收总控系统	显示温度值
油气输送系统	风机压差信号	油气回收总控系统	显示压差值
油气回收处理单元:冷凝+吸附法			
油气回收处理系统	设备运行状态信号	油气回收总控系统	显示运行状态
油气回收处理系统	制冷压缩机压力信号	油气回收总控系统	显示压力值
油气回收处理系统	制冷压缩机油压差信号	油气回收总控系统	显示压力值
油气回收处理系统	制冷压缩机油位信号	油气回收总控系统	显示液位值
油气回收处理系统	集油罐液位信号	油气回收总控系统	显示液位值
油气回收处理系统	制冷压缩机过载	油气回收总控系统	显示运行状态
油气回收处理系统	制冷智能模块报警	油气回收总控系统	显示运行状态
油气回收处理系统	输油泵过载	油气回收总控系统	显示运行状态
油气回收处理系统	风泵变频器报警	油气回收总控系统	显示运行状态
油气回收处理系统	可燃气体浓度过高	油气回收总控系统	显示浓度值
油气回收处理系统	吸附系统温度过高	油气回收总控系统	显示温度值
油气回收处理系统	低温冷场压差过高	油气回收总控系统	显示压差值
油气回收处理系统	油气压力过高	油气回收总控系统	显示压力值
油气回收处理单元:吸附+吸收法			

续上表

发出信号位置	发出信号名称	接收信号位置	接收信号内容
油气回收处理系统	设备运行状态	油气回收总控系统	显示运行状态
油气回收处理系统	吸收塔液位	油气回收总控系统	显示液位值
油气回收处理系统	吸收塔压力	油气回收总控系统	显示压力值
油气回收处理系统	吸附装置高温	油气回收总控系统	显示温度值
油气回收处理系统	油气温度高	油气回收总控系统	显示温度值
油气回收处理系统	冷却剂温度超高	油气回收总控系统	显示温度值
油气回收处理系统	供油泵启动失败	油气回收总控系统	显示运行状态
油气回收处理系统	回油泵启动失败	油气回收总控系统	显示运行状态
油气回收处理系统	真空风机启动失败	油气回收总控系统	显示运行状态
油气回收处理系统	真空泵启动失败	油气回收总控系统	显示运行状态
油气回收处理系统	吸附罐出入口阀门动作失败	油气回收总控系统	显示运行状态

3)正常停止运行作业程序

码头油气回收设施自动控制系统联动控制系统正常停止运行作业程序信号见表6.19。

码头油气回收设施自动控制系统联动控制系统正常停止运行作业程序信号 表6.19

发出信号位置	发出信号指令	接收信号位置	接收信号动作	接收信号动作后结果	状态	信号功能
液货装卸系统	液货装卸完毕	油气回收总控	显示装卸系统状态	判断装卸系统运行状态	运行/停止	状态
油气回收总控	开始关闭切断阀	船岸界面安全装置	判断是否切断阀	关闭切断阀	开启/关闭	关闭
油气回收总控	开始停止运行风机	油气输送装置	判断是否停止运行风机	停止运行风机	运行/停止	关闭
油气回收总控	开始停止运行油气回收处理设施	油气回收处理装置	判断是否停止运行油气回收处理装置	停止运行油气回收处理装置	运行/停止	关闭
船岸界面安全装置系统	已经关闭切断阀	油气回收总控	判断切断阀是否关闭	显示切断阀状态	开启/关闭	状态

续上表

发出信号位置	发出信号指令	接收信号位置	接收信号动作	接收信号动作后结果	状态	信号功能
油气输送装置系统	已经停止运行风机	油气回收总控	判断风机是否停止运行	显示风机运行状态	运行/停止	状态
油气回收处理装置系统	已经停止运行油气回收处理装置	油气回收总控	判断油气回收处理装置是否停止运行	显示油气回收处理装置运行状态	运行/停止	状态
油气回收总控	开始脱离输气臂	输气臂系统	判断是否开始脱离输气臂	显示输气臂工作状态	脱离/对接	状态
输气臂系统	输气臂已脱离	油气回收总控	判断输气臂是否脱离	显示输气臂状态	对接/脱离	状态
油气回收总控	油气回收设施停止运行完毕	码头总控	判断油气回收装置是否运行	显示油气回收处理装置运行状态	运行/停止	状态

4)控制系统故障、紧急停车作业程序

码头油气回收设施自动控制系统联动控制系统故障、紧急停车作业程序信号见表6.20。

码头油气回收设施自动控制系统联动控制系统故障、紧急停车作业程序信号 表6.20

异常信号	接收信号位置	接收信号动作	状态	信号功能
装船系统运行状态信号	油气回收总控	切断船岸界面装置切断阀，停止输送风机、油气回收处理装置运行脱离输气臂，并发送停机信号至液货装卸系统及码头总控系统(按正常停机程序运行)	报警、联锁	停止运行
输油臂运行状态信号	油气回收总控		报警、联锁	停止运行
装卸泵运行状态信号	油气回收总控		报警、联锁	停止运行
紧急脱离装置2级限位信号	油气回收总控		报警、联锁	停止运行
输气臂运行状态信号	油气回收总控		报警、联锁	停止运行
船岸界面安全装置运行状态信号	油气回收总控		报警、联锁	停止运行
自输气臂来油气压力信号	油气回收总控		报警、联锁	停止运行
阻爆器温度信号	油气回收总控		报警、联锁	停止运行
氧含量体积比信号	油气回收总控		报警、联锁	停止运行
阻爆器压差信号	油气回收总控		报警、联锁	停止运行
汽液分离罐液位信号	油气回收总控		报警、联锁	停止运行

续上表

异常信号	接收信号位置	接收信号动作	状态	信号功能
切断阀状态信号	油气回收总控	切断船岸界面装置切断阀，停止输送风机、油气回收处理装置运行脱离输气臂，并发送停机信号至液货装卸系统及码头总控系统（按正常停机程序运行）	报警、联锁	停止运行
输送风机运行状态信号	油气回收总控		报警、联锁	停止运行
阻爆器压差信号	油气回收总控		报警、联锁	停止运行
阻爆器温度信号	油气回收总控		报警、联锁	停止运行
风机压差信号	油气回收总控		报警、联锁	停止运行
冷凝 + 吸附法	油气回收总控		报警、联锁	停止运行
油气处理设备运行状态信号	油气回收总控		报警、联锁	停止运行
集油罐液位信号	油气回收总控		报警、联锁	停止运行
风泵变频器报警	油气回收总控		报警、联锁	停止运行
可燃气体浓度过高	油气回收总控		报警、联锁	停止运行
吸附系统温度过高	油气回收总控		报警、联锁	停止运行
低温冷场压差过高	油气回收总控		报警、联锁	停止运行
油气压力过高	油气回收总控		报警、联锁	停止运行
吸收 + 吸附法	油气回收总控		报警、联锁	停止运行
设备运行状态	油气回收总控		报警、联锁	停止运行
吸收塔液位	油气回收总控		报警、联锁	停止运行
吸收塔压力	油气回收总控		报警、联锁	停止运行
吸附装置高温	油气回收总控		报警、联锁	停止运行
油气温度高	油气回收总控		报警、联锁	停止运行
冷却剂温度超高	油气回收总控		报警、联锁	停止运行
供油泵启动失败	油气回收总控		报警、联锁	停止运行
回油泵启动失败	油气回收总控		报警、联锁	停止运行
真空风机启动失败	油气回收总控		报警、联锁	停止运行
真空泵启动失败	油气回收总控		报警、联锁	停止运行
吸附罐出入口阀门动作失败	油气回收总控		报警、联锁	停止运行

6.2.5 码头油气回收设施自动控制系统配置设计

根据本书上述设计方案，硬件配置为操作员站一个和 PLC 控制柜一个，软件选择为 SCADA 系统，考虑到码头油气回收设施工作在码头液货装船作业中的可连续操作的重要性以及其他等方面的原因，故而本系统没有冗余设计。

1)操作员站设计

方案配置工程师站按国内、外先进技术配置如下:

(1)英特尔至强双核处理器 5500 系列。

(2)4GB ECC 内存。

(3)500GB SATA 硬盘。

(4)多路图形卡,512M 显存。

(5)DVD-RW。

(6)2×10/100Mb/s 以太网卡。

(7)Window XP 操作系统。

(8)22″EIZO 液晶显示器,支持分辨率 1280×1024。

(9)防水、防尘、覆膜式键盘及鼠标等。

2)控制柜设计

(1)按实际需要配置相应的控制机柜。其 I/O 端子作为现场信号与系统的接线分界。

(2)各类机柜留有 20% 的备用安装空间。

(3)每个机柜都带永久性铭牌,白底黑字。

(4)每个机柜都带风扇和照明灯。

(5)要求采用 RITTAL 标准机柜。

(6)PLC 控制柜的详细配置见表 6.21。

PLC 控制柜配置一览表 表 6.21

序号	名　称	型　号	数量	厂家
1	DIN 安装导轨	6ES7 390-1AE80-0AA0	1	西门子
2	PS307 电源模块	6ES7 307-1KA02-0AA0	1	西门子
3	CPU S7315-2PNDP	6ES7315-2EH14-0AB 0	1	西门子
4	MMC 存储卡	6ES79538LL 31-0AA0	1	西门子
5	16 点数字量输入模块	6ES7 321-1BH02-0AA0	2	西门子
6	16 点数字量输出模块	6ES7 322-1BH01-0AA0	2	西门子
7	8 点模拟量输入模块	6ES7 331-7NF00-4AB1	2	西门子
8	SITOP 电源	6EP1334-3BA00	1	西门子
9	中间继电器	MY2NJ-GS/PYF08A-E	48	OMRON
10	端子	SAK2.5DU	200	魏德米勒
11	导线	BVR-0.75	4	国产

续上表

序号	名　称	型　号	数量	厂家
12	通风过滤网组	ZL-807	2	国产
13	风扇	ϕ120　220VAC 25W	1	国产
14	柜内照明灯	T8,220VAC 8W	1	国产
15	微型断路器	IC65N 3P D32A	1	施耐德
16	微型断路器	IC65N 2P C10A	4	施耐德
17	微型断路器	IC65N 2P C20A	1	施耐德
18	带灯按钮	XB2BW31B1C	30	施耐德
19	插座	AC30-3	1	国产
20	插座	AC30-2	1	国产
21	工业交换机	MOXA EDS-205	1	MOXA
22	声光报警器	—	1	国产

(3)软件系统设计

软件控制系统选用国内、外目前比较常用的SCADA控制系统。

①系统页面布局设计

系统组态采用总体和分单元显示。分单元包括:输气臂或软管页面、船岸界面安全装置页面、油气安全输送单元页面、油气处理单元页面、尾气排放监测页面、系统报警页面、数据统计页面、数据编辑页面。

系统设计登录、查看、操作权限及报警应答。

②系统冗余设计

a.设备冗余。

控制器:控制回路的模拟量I/O卡冗余配置。

CPU和I/O卡的电源卡应做1:1冗余。

CPU和I/O卡间的内部总线应做1:1冗余。

控制网络:过程接口设备和操作站之间的通信应做完备的1:1冗余。

b.在该系统中,任何局部设备的故障都不应导致整个系统的故障。

c.主控制器处理器或I/O处理器部件的任何故障,都不应导致系统的无限死循环或关机。通过故障诊断,系统应能自动将相应运算切换到热备用的冗余处理器上。

d.系统应能完成控制器的无扰动切换,应能在不影响操作的前提下完成冗余部件的替换操作。修理工作除了简单的部件更换外,不能影响I/O的扫描过程或冻结输出状态,也不需要操作员对系统进行恢复操作。

e. 所有控制器应配有带后备电池的直流冗余电源。

f. 组态数据和操作参数应储存于永久性存储器、电池供电的 RAM 或其他在掉电 72h 后仍能保存数据的其他等效存储器。

③控制系统供电设计

控制系统的用电负荷按 SH 3038 规定重要负荷配置。控制系统主要设备电源为 220V,并同时设有 UPS 备用电源。

(4)工作环境设计

控制系统的主要设备将布置在一个封闭的、无危险的区域。系统安装运行后,将处于有空调的环境中。一般温度为 26℃ ±2℃,温度变化率小于 5℃/h,系统的设计噪声应为 1m 处不超过 55dBA 。

(5)自动控制系统静电接地设计

自动控制系统静电接地网,电阻不大于 4Ω。

自动控制台内设保护接地汇总板、工作接地汇总板、总接地板。柜内的保护接地汇流排和工作接地汇流排分别接到保护接地汇总板、工作接地汇总板,保护接地汇总板、工作接地汇总板接到总接地板,总接地板接到电工总接地网。

①接地系统的导线采用多股绞合铜芯绝缘电线。

②接地系统的各接地汇流排采用截面为 25mm ×6mm 的铜条(黄铜)制作。

接地系统的各接地汇总板采用铜板(黄铜)制作,厚度不小于 6mm。

③机柜内的保护接地汇流排或保护接地端子与机柜进行可靠的电气连接。

工作接地汇流排、工作接地汇总板应用绝缘支架固定。

接地线、接地干线、接地总干线与接地汇流排、接地汇总板的连接采用铜接线片和镀锌钢质螺栓,并有焊接。

④各类接地连线中,严禁接入开关或熔断器。

⑤接地系统的标志颜色为黄绿相间。

第7章　码头油气回收建设规模和总图布置

根据《码头油气回收设施建设技术规范(试行)》(JTS 196-12—2017)中第4.2节,油气回收相关装置的布置需要满足的要求包括:

(1)油气收集装置、船岸安全装置、油气输送装置、油气回收装置或回收油气再利用装置等应符合码头总体布置要求。

(2)油气回收装置宜布置在全年最小频率风向的上风侧,避开人员集中场所和明火或散发火花地点。

(3)油气回收装置在码头前沿区域内布置时,其与相邻建构筑物的防火间距不应小于表7.1的规定。

油气回收装置与码头前沿区域内相邻建构筑物的防火间距　　表7.1

建(构)筑物		与油气回收装置距离(m)
油品码头前沿线(船长范围内)	甲A类	30
	甲B、乙类	15
	丙类	15
消防泵房		30
变配电间		15
消防控制室		30
有明火及散发火花的建(构)筑物及地点		20
其他建(构)筑物		12

注:表中甲A类、甲B类、乙类、丙类指装卸货物的火灾危险性。

(4)油气回收装置布置在码头后方陆域时,其周边宜设置围网、金属栅栏、实体围墙。靠近道路和作业通道时应设置防撞设施和反光标识。

(5)油气回收装置布置在码头后方陆域时,其与相邻建筑物的防火间距,应符合现行国家标准《石油库设计规范》(GB 50074)和《油品装载系统油气回收设施设计规范》(GB 50759)的有关规定。

(6)油气回收装置布置在码头后方陆域时,应设置消防道路。消防道路路面宽度不应小于4.0m,路面上的净空高度不应小于5.0m,路面内缘转弯半径不应小于6.0m。

另外,在实际码头油气回收设施布置的时候在考虑上述要求的同时,需要根据实际情况开展更深入的分析。

7.1 码头吨级及船型

油气化工码头遍布我国沿海、长江、京杭运河、淮河、西江、珠江等内河水系,我国沿海油品和化工品码头吨级通常为1000DWT~300000DWT,内河油品和化工品码头吨级通常为500DWT~50000DWT。截至2016年,我国万吨级及以上原油泊位74个,成品油泊位132个,液体化工品泊位200个。另外,全国还有上千座内河油品及化工品泊位。各类油船及化工品船船型尺度详见表7.2、表7.3。

油船设计船型尺度 表7.2

船舶吨级 DWT(t)	设计船型尺度(m)			
	总长 L	型宽 B	型深 H	满载吃水 T
1000(1000~1500)	70	13.0	5.2	4.3
2000(1501~2500)	86	13.6	6.1	5.1
3000(2501~4500)	97	15.2	7.2	5.9
5000(4501~7500)	125	17.5	8.6	7.0
10000(7501~12500)	141	20.4	10.7	8.3
20000(1250~27500)	164	26.0	13.4	10.0
30000(27501~45000)	185	31.5	17.3	12.0
50000(45001~65000)	229	32.2	19.1	12.8
80000(65001~85000)	243	42.0	20.8	14.3
100000(85001~105000)	246	43.0	21.4	14.8
120000(105001~135000)	265	45.0	23.0	16.0
150000(135001~185000)	274	50.0	24.2	17.1
250000(185001~275000)	333	60.0	29.7	19.9
300000(85001~105000)	334	60.0	31.2	22.5
450000	380	68.0	34.0	24.5

注:450000t油船的船型尺度为实船资料(实船载重吨为441893t),供参照使用。

化学品船设计船型尺度　　表7.3

船舶吨级 DWT(t)	设计船型尺度(m)			
	总长 L	型宽 B	型深 H	满载吃水 T
1000(1000~1500)	86	11.3	5.3	4.3
2000(1501~2500)	87	12.5	5.9	5.0
3000(2501~4500)	99	14.6	7.6	6.0
5000(4501~7500)	114	17.6	8.8	7.0
10000(7501~12500)	127	20.0	11.0	8.4
20000(12501~27500)	160	24.2	13.4	9.8
30000(27501~45000)	183	32.2	17.6	11.9
50000(45001~65000)	183	32.2	19.1	12.9
80000(65001~85000)	229	32.3	21.7	14.1
100000	244	42.0	21.0	14.9

注:100000t化学品船的船型尺度为实船资料(实船载重吨为105830t),供参照使用。

由于码头油气回收仅用于油品和化工品在装船作业过程中产生的挥发性有机物进行回收处理,根据国内沿海和内河油气化工码头装船船型实际情况,其装船船型范围通常为500DWT~100000DWT。因此,可以按照500DWT~100000DWT船型确定码头油气回收建设规模系列。

7.2　油气回收处理规模计算

油气回收处理规模依据装船流量为基础数据进行计算,之后根据《码头油气回收设施建设技术规范(试行)》(JTS 196-12—2017)、《油品装载系统油气回收设施设计规范》(GB 50759—2012)、《国际散装运输危险化学品船舶构造与设备规则(IBC规则)》(2004年修正案)及《关于蒸汽排放控制系统标准》(MSC. Circ. 585号通函)要求,油气回收处理量为装船流量的1.1~1.25倍。

各泊位装船流量的确定有两种方法。方法一,依据最大靠泊装船船型和《海港总体设计规范》(JTS 165—2013)推荐的净装船时间计算(表7.4)得出;方法二,依据库区各个泊位配置的装船泵能力计算。

液体散货码头泊位净装卸船时间　表 7.4

泊位吨级 DWT(t)	500	1000	2000	3000	5000	10000	20000	30000
净装船时间(h)	3 ~ 5	5 ~ 7	7 ~ 9	8 ~ 10	9 ~ 11	10 ~ 12	12 ~ 14	12 ~ 15
净卸船时间(h)	4 ~ 6	6 ~ 8	8 ~ 10	9 ~ 11	11 ~ 13	12 ~ 15	12 ~ 15	15 ~ 18
泊位吨级 DWT(t)	50000	80000	10000	120000	150000	200000	250000	300000
净装船时间(h)	12 ~ 16	14 ~ 17	15 ~ 18	15 ~ 18	16 ~ 20	20	20	20
净卸船时间(h)	17 ~ 18	22 ~ 25	24 ~ 27	24 ~ 27	26 ~ 30	30 ~ 35	35 ~ 40	35 ~ 40

回收处理规模的确定与装船船型、装船流量及回收系数相关。

货油装船流量根据装船船型和净装船时间确定,由于净装船时间因各港实际作业水平不同相差大,因此同一码头吨级和船型装船流量差别也很大。为便于分析,此时给出同一吨级船型最小净装船时间和最大净装船时间,再依据净装船时间计算装船流量。

7.3　码头油气回收建设规模

按照 500DWT ~ 100000DWT 船型确定码头油气回收建设规模系列。装船船型最大按 100000DWT 考虑,100000DWT 以上船型不推荐,如有需要可参照执行。

以码头吨级和装船船型为基础,主要根据码头作业装船油品流量确定码头油气回收系统回收处理设备及配套设施的建设规模。采集多泊位装船油气,采用一套油气回收处理设备时,总系统按照上述原则确定规模,码头前沿输气臂、船岸界面安全设备、输气管网等则应根据各个泊位规模情况选型。

根据上述原则,500DWT ~ 100000DWT 船型油气回收建设规模详见表 7.5。

码头油气回收建设规模一览表　表 7.5

装船船型 DWT	净装船最小时间 (h)	净装船最大时间 (h)	最小回收处理规模 (m^3/h)	最大回收处理规模 (m^3/h)	装船压力范围 (MPa)
500	3	5	120	220	0 ~ 1.0
1000	5	7	180	250	0 ~ 1.0
2000	7	9	260	400	0 ~ 1.0
3000	8	10	350	500	0 ~ 1.0
5000	9	11	550	750	0 ~ 1.0

续上表

装船船型 DWT	净装船最小时间 (h)	净装船最大时间 (h)	最小回收处理规模 (m^3/h)	最大回收处理规模 (m^3/h)	装船压力范围 (MPa)
10000	10	12	1000	1300	0~1.0
20000	12	14	1700	2200	0~1.0
30000	12	15	2400	3300	0~1.0
50000	12	16	3700	5500	0~1.0
80000	14	17	5500	7500	0~1.0
100000	15	18	6500	8500	0~1.0

7.4 油气回收装置总图布置

7.4.1 布置原则

油气回收装置属于码头装船作业过程中的环保设备，其平面布置需结合油气回收处理工艺、装置平面尺寸、码头及后方现场空间等因素综合考虑。其总图布置应尽量靠近码头装卸区，以缩短油气输送距离，便于油气收集装置、船岸安全装置、油气输送装置和油气回收装置之间的协调控制；但又需要考虑油气回收处理设施与周围建、构筑物及设施需要有足够的防火间距，以减少发生事故时相互间的影响，而且不同处理工艺的油气回收装置因其危险源不同，其防火间距也不一样。当采用销毁法处理工艺时，因涉及明火作业，应布置在后方陆域；当采用回收法处理工艺时，可根据装置平面尺寸和现场空间，将油气回收装置布置在码头上或后方陆域。

7.4.2 防火间距

目前，国内涉及油气回收装置防火间距的规范主要包括《码头油气回收设施建设技术规范（试行）》（JTS 196-12—2017）、《油品装载系统油气回收设施设计规范》（GB 50759—2012）、《石油库设计规范》（GB 50074—2014）、《石油化工企业设计防火标准（2018 年版）》（GB 50160—2008）等规范。

（1）根据《码头油气回收设施建设技术规范（试行）》（JTS 196-12—2017），油气回收装置在码头前沿区域内布置时，其与相邻建筑物的防火间距不应小于表 7.6 的规定。

油气回收装置防火间距　　表 7.6

油品码头前沿线、建筑物		与油气回收装置距离(m)
油品码头前沿线	甲 A 类	30
	甲 B、乙类	15
	丙类	15
消防泵房		30
变配电间		15
消防控制台		30
有明火及散发火花的建筑物及地点		20
其他建筑物		12

油气回收装置布置在码头上时,不得采用可能产生明火的处理工艺。油气回收装置布置在码头后方陆域时,其周边宜设置围网、金属栅栏、实体围墙。靠近道路和作业通道时应设置防撞设施和反光标识。其与相邻建筑物的防火间距,应符合现行国家标准《石油库设计规范》(GB 50074)和《油品装载系统油气回收设施设计规范》(GB 50759)的有关规定。

(2)根据《油品装载系统油气回收设施设计规范》(GB 50759—2012)的规定,油气回收装置及吸收液储罐与装卸车设施内的设备、建筑物、构筑物的防火间距,不应小于表 7.7 的规定。

油气回收装置防火间距　　表 7.7

项　　目		油气回收装置	吸收液罐
装车鹤位	甲 A 类液体介质	8	12
	甲 B、乙类液体介质	4.5	9
	丙类液体介质	—	—
集中布置的泵	甲 A 类液体介质	10	12
	甲 B、乙类液体介质	4.5	9
	丙类液体介质	—	—
缓冲罐	甲 A 类液体介质	15	0.75*D*
	甲 B、乙类液体介质	5	0.75*D*
	丙类液体介质	—	—
计量衡		4.5	9
变配电室、控制台、机柜间		15	15
其他建筑物、构筑物		3	9

注:*D* 表示直径。

石油及液体化工品库的油气回收装置与石油及液体化工品库外的居民区、工矿企业、交通线等的防火间距，以及石油及液体化工品库内建筑物、构筑物的防火间距，应符合现行国家标准《石油库设计规范》（GB 50074）的有关规定，见表7.8。

（3）根据现行《石油库设计规范》（GB 50074—2014）的规定，焚烧式可燃气体回收装置应按有明火及散发火花的建（构）筑物及地点执行，其他形式的可燃气体回收处理处理装置应按甲、乙类液体泵房执行。

油气回收装置防火间距　　表7.8

项　　目		与油气回收装置距离（m）
油品码头前沿线	甲B、乙类	15
	丙类	15
消防泵房		30
变配电间		15
人员密集场所		30
有明火及散发火花的建筑物及地点		20
其他建筑物		12

7.4.3　平面布置

目前，国内已经有多个油气化工码头建设有油气回收装置，其油气回收装置布置位置详见表7.9。

国内已建油气回收装置布置位置一览表　　表7.9

序号	码头名称	油气回收处理工艺	油气回收装置布置位置	备注
1	青岛黄岛丽星仓储化工有限公司码头	吸附+冷凝	陆域库区	
2	南京南炼集团码头	冷凝+吸收、吸附+吸收	陆域	内河码头
3	大连港东港区油品码头	吸附+吸收	陆域库区	
4	中化兴中公司原油码头	脱硫+吸附+燃烧	陆域库区	
5	中化泉州青兰山码头	吸附+吸收	陆域库区	
6	宁波舟山港外钓30万吨级油品公共码头	冷凝+吸附	码头平台	
7	中化泉州外走马埭码头	冷凝+吸附	码头平台	

综合国内已建的码头油气回收装置布置现状,油气回收装置主要布置在码头平台和后方陆域。对于陆域库区距离码头较远时,油气回收装置通常布置在码头平台上,以缩短油气输送距离,其平面布置应执行《码头油气回收设施建设技术规范(试行)》(JTS 196-12—2017)的相关规定;对于后方陆域距离码头较近时,油气回收装置通常布置在后方陆域,以节省码头平台尺寸,其平面布置应执行《油品装载系统油气回收设施设计规范》(GB 50759—2012)和《石油库设计规范》(GB 50074—2014)的相关规定。

以下为国内码头油气回收装置建设实例:

1)青岛董家口原油码头二期工程油气回收装置

该项目利用已建的防波堤建设连片式油品码头,码头规模为10万吨级油品泊位,回收货种为原油,油气回收处理装置处理规模为6000N·m^3/h,处理工艺采用"冷凝+吸附"方式。其平面布置如图7.1所示。

由于防波堤宽度为50m,且该泊位位于防波堤堤头处,因此,可以利用堤头位置,将油气回收装置布置在码头上,该布置方案能确保油气回收装置远离综合楼和控制台等建筑物。油气回收装置布置时,其防火间距执行《码头油气回收设施建设技术规范(试行)》(JTS 196-12—2017),确保装置距离码头前沿不小于15m,距离消防控制台不小于30m。

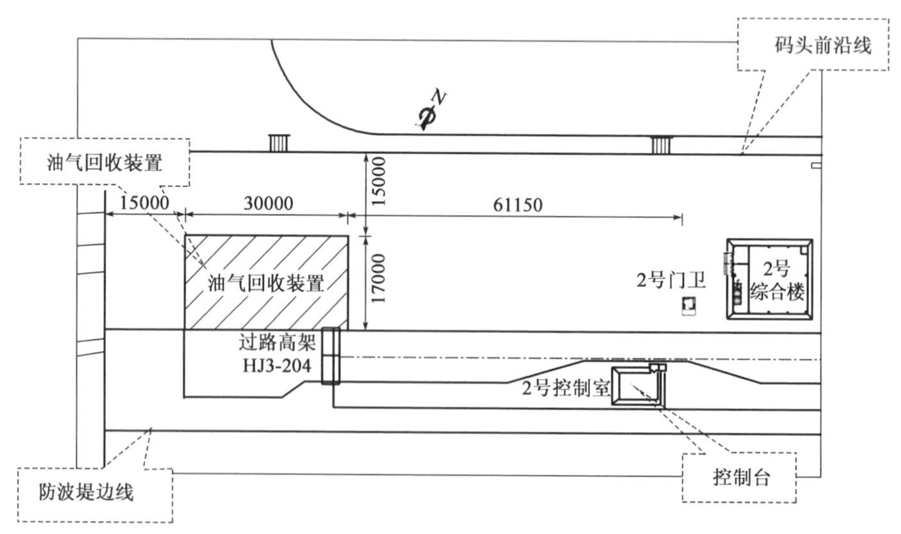

图7.1 油气回收装置平面布置图(尺寸单位:mm)

2）惠州港荃湾港区5万吨级石化码头工程油气回收装置

该项目建设1个50000吨级、1个10000吨级和1个5000吨级液体散货泊位，泊位布置形式采用突堤式布置，回收货种为甲苯、二甲苯、汽油和石脑油，油气回收处理装置处理规模为1875N·m^3/h，处理工艺采用“冷凝+吸附”的方式。

该项目由于码头空间有限，油气回收装置无法布置在码头工作平台上，且后方库区距离较远，无剩余空地可以利用。因此，需新建1座油气回收平台，用于布置码头油气回收装置。

在考虑油气回收平台选址时，既要考虑油气回收装置与码头前沿线的间距，还要考虑与相关建构筑物的防火间距。经过比选，最终在引桥根部转换平台附近建设一座油气回收平台（平面尺寸15.5m×10m），用于布置本项目油气回收装置。其平面布置如图7.2所示。

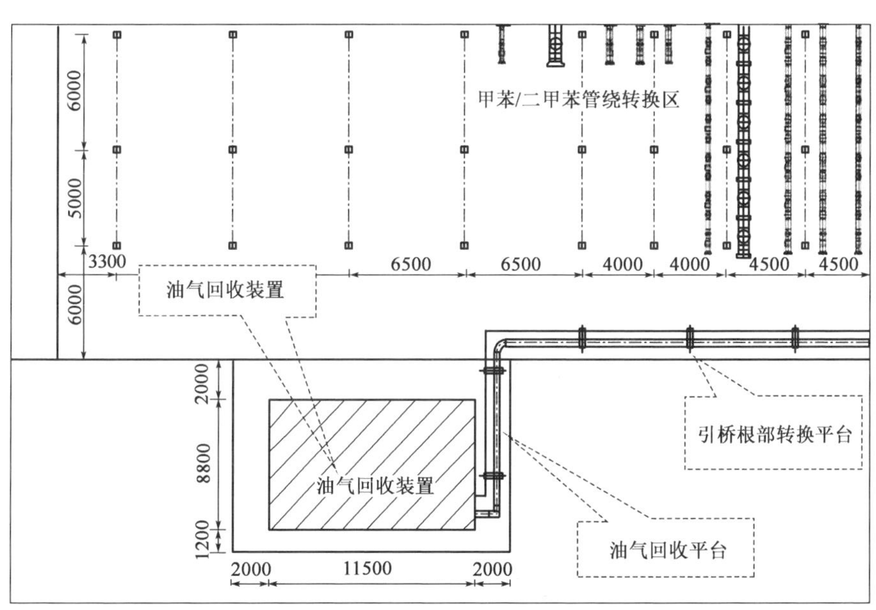

图7.2　油气回收装置平面布置图（尺寸单位：mm）

3）大连港东港区油品码头及配套设施迁建工程油气回收装置

该项目属于改造项目，主要在已建的5个油品泊位上增加一套油气回收装置，靠泊船型范围为5000DWT～50000DWT油船。回收货种为汽油，油气回收处理装置处理规模为600N·m^3/h，处理工艺采用“吸附+吸收”方式。

由于该项目码头平台均已建成,现有空间无法满足码头油气回收装置的安放,故考虑在后方陆域布置油气回收装置。经过比选,在库区防火堤外侧空地布置油气回收装置。在布置时,应确保油气回收装置与相邻储罐之间的防火间距,其防火间距应执行《油品装载系统油气回收设施设计规范》(GB 50759—2012)和《石油库设计规范》(GB 50074—2014)。

参 考 文 献

[1] 交通运输部科学研究院. 中化兴中公司原油装船油气回收工程可行性研究报告书[R]. 北京,交通运输部科学研究院,2012.

[2] 交通运输部科学研究院. 码头油气回收再利用研究[R]. 北京,交通运输部科学研究院,2012.

[3] 耿红,高洁,高山,等. 港口油气回收综合效益估算研究[C]//中国环境科学学会学术年会论文集. 北京:中国环境科学出版社. 2011.

[4] 国际海事组织. MSC. Circ. 585 蒸汽排放控制系统标准[S]. 国际海事组织,2012.

[5] 中华人民共和国交通运输部. 码头油气回收建设技术规范:JTS 196-12—2017[S]. 北京:人民交通出版社有限公司,2017.

[6] Qiu Chunxia, Gao Jie, Geng Hong Brief Analysis of Development Situation of Policy and Technology Related to Oil gas recycling on Wharf in China[G]. IOP Conference Series Earth and Environmental Science . Volume 189. 2018.

[7] 邱春霞. 我国码头油气回收相关政策与技术发展现状浅析[C]//中国环境科学学会学术年会论文集,2013.